JN119479

# リモートワーク時代の チームマネジメント

あなたのチームを
最速で最強にする
17の法則

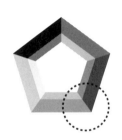

星山裕子 Yuko Hoshiyama

# はじめに

　新型コロナウィルスの出現は、私たちのこれまでの仕事の進め方、人との関わり方のありようを大きく見直す機会となりました。今回私がこの本を上梓することになったのは、この国を支えている多くの企業・団体・組織で働く人々が元気を取り戻すための力になりたいと思ったからです。日本は人口に関して言えばすでに折り返し地点を迎えました。いまや人口の半数以上が高齢者という構成になっています。組織で働いている人間の存在がこれまで以上に重要なカギを握っています。また外国人労働者の割合も増え、協働の概念も変わりつつあります。

　人が生きていくうえで無視できないのは他者との関わりです。職場、チーム、組織がうまくいかない多くのケースのほとんどは人間関係に起因すると私は考えます。ひと言でいえば「コミュニケーション不全」です。AIがその活躍範囲を拡大してゆく時代、人間である私たちに求められているのは人としての関わり、コミュニケーション、創造性といった、もっと生々しい熱量を含むものなのではないかと思うのです。
「自分らしくありたい」と願いながらも、じつのところ「ありのまま」というのがいちばん難しいのかもしれません。まず自分の本質を知り、他者のことも本質的に理解する。理解するだけではまだ足りず、情報として共有し、互いの価値を「掛け算」で活かしあえる

ような具体的な関わり方を始める。ここでは TEAM ＝最強のチームを作り上げるための基本ルールと問題を解決するための手順を紹介します。実際の企業での活用事例も紹介していますので参考になさってください。

　これまでのやり方を大きく「変えていく」ということは、簡単なようでいてじつはものすごく負荷のかかることであるのも事実です。けれどももし「新しい習慣を取り入れる」といった場合はどうでしょう。少しだけハードルが下がるように感じませんか。ぜひこの本で、メンバーとの関わり方の新しい習慣を取り入れていただけたらと思います。


　ここ 10 年ほどでしょうか。経営者を中心に東洋回帰と申しますか、ふたたび東洋的な考え方に注目が集まっています。マインドフルネスなどもそのひとつですが、ずいぶん大きなブームになってきたように感じます。本書で使用しているメソッド Talent Focus®も、東洋の発想をベースに日本で開発されたものです。陰陽五行、帝王学、そして開発者の幹部育成経験から編み出された才能特定・才能開発システムである Talent Focus® は、生まれ持った才能を特定し、さらにその伸ばし方についても具体的に示すことのできるツールです。これまでに関わった個人と組織が必ず上向くことから「チャンスの女神」の異名をとる著者が、6 万人以上と面談し、800社を超える企業の幹部を養成するなかで導きだした、人材育成の成功法則。東洋の発想である陰陽五行、帝王学を根底に据え、業種の垣根や企業規模の大小に関わらず、短期間に挙績したメソッドを公

開します。生まれ持った才能に気づき、強みを伸ばして他者の役に
立ってゆく。私たちは Talent Focus® をとおして、すべての人が
生まれ持った才能を生かせる社会をつくります。

　　　2020年8月吉日

　　　　　　　　　　　　　　　　　　　星山裕子

目 次

# CHAPTER 1

## リモートワークの
## 時代に求められる
## マネジメント

新型コロナウィルスを契機に、職場ではリアルでの対面による業務の割合が減り、WEB上でのリモートのやりとりが増えてきました。ソーシャルディスタンスが叫ばれるこのご時世で管理職はチームメンバーのどこをどう見るべきなのでしょうか。コロナウィルス対策で、自宅でのテレワーク勤務に切り替える方針を取った組織も多いです。在宅勤務やオンラインミーティングがデフォルトになっていく風潮でどのようにメンバーをサポートするべきなのか。私がこの原稿を書いているのは、緊急事態宣言が発令されているタイミングで、あちこちから聴こえてくる声があります。

　メンバー層からは「Webミーティングでは誰かが話しているときには黙って聴かないといけなくて、発話のタイミングをつかみにくい」、「画面からリアルな温度感が伝わってこなくて距離感をはかるのが難しい」、「自分の担当業務だけに集中できる。在宅勤務になってからのほうが、仕事がはかどる実感がある」、「満員電車から解放され、服装も気楽でいい」など。

　マネジメント層からは「業務進捗の実態が見えない」、「どんな声掛けやサポートが必要なのか、掴みどころがない」など。

　平時でもマネジメントについては頭を悩ませているのに、有事となるとマネジメント層の悩みはいかばかりかとお察しします。


　この本を手に取ってくださった方は、おそらく組織内でリーダーや管理職を任されている方であると推察いたします。リーマンショック以降、多くの企業・組織は人材教育のための費用を大幅に削減しています。入社後の新入社員研修でビジネスマナーは教えてもら

ったけれどそれ以降研修らしい研修は何も受けさせてもらっていないという方もかなりの割合でいらっしゃいます。リーダーになって日の浅い方は、もしかしたら管理職研修すらもすっ飛ばして現場に飛び込み、今日に至っているかもしれません。あらためてリーダーシップの型について触れておきます。リーダーシップの理論・実務ともに日頃の業務を通じてすでに詳しく理解しているという方は読み飛ばしてください。

　私は大学時代に人事管理を学ぶゼミに所属し、リーダーシップの研究をしました。昭和末期の、日本におけるリーダーシップはまだまだ誤解だらけでした。多くの文献はまだ外国のものが中心で日本語に翻訳されたものも少なく、日本の研究家にしても非常に偏った考え方が主流でした。今思えば懐かしい限りですが、終身雇用の時代であり、年功序列であり、男女平等でさえなく、非正規社員も明確に冷遇されていた時代だったのです。

　リーダーシップ研究は私にとってひとつのライフワークと呼べる位置づけです。数多くの組織とのお付き合いを重ねるうちにリーダーシップについてはずいぶん多くのことを学ばせていただきました。海外におけるリーダーシップの研究をみても「正解がひとつとは限らない。状況に応じて最適なリーダーシップは形を変えるものだ」といわれています。私がこれまでの幹部育成や企業コンサルティングにおいて体得し、体系化できたものをお伝えします。わかりやすいのは登山隊の例です。

　山の稜線を進む登山の隊列を思い起こしてください。体を命綱で

結んで細い道を蟻の行進のように進んでいくあれです。日本を含め
アジア圏では特に、先頭に立って旗を掲げて進んでいくことこそが
究極のリーダー像だと思われている節がありますが、じつはリーダ
ーの場所は「先頭」だけではないのです。リーダーの場所は、3箇
所あります。それは「先頭」、「中央」、「最後尾」です。

- 「先頭」に位置するリーダーの特徴——百年戦争でフランスを勝
  利に導いたジャンヌ・ダルクのように、目印の旗を掲げてメンバ
  ーを鼓舞し、奮い立たせる役割です。重要なキーワードはビジョ
  ン、勢いです。
- 「中央」に位置するリーダーの特徴——メンバーの気持ちや心境、
  現場での細かな状況変化に気を配り、声掛けをしながらコミュニ
  ケーションをとり、横並びの立ち位置で共感しながらまとめてい
  く役割です。重要なキーワードは協調や団結です。
- 「最後尾」に位置するリーダーの特徴——全体を俯瞰し、崩れか
  けたバランスを早期に見直し、戦略と戦術を再構築しながら最適
  な状態を維持し、一歩下がってまとめていく役割です。目的の重
  要なキーワードは達成や完遂です。

　さて、あなたはいったいどのタイプのリーダーシップがお得意で
しょうか。リーダーであるあなた自身が自分のマネジメントスタイ
ルやその場面、瞬間において最も効果が出る状況と配置を理解して
いなければ、求められるリーダーシップは発揮できないのです。ま
ず、自分の得意を知ることが肝要です。24時間365日出番のある

リーダーなんていないのです。いくら管理職だからといって苦手な場面を引き受けたらそのチームは確実に破綻に突き進みます。もし、あなたが「最後尾型」のパターンが得意だとして、今必要なのは「中央型」のリーダーシップに関することだったとします。あなたの配下の No. 2 ・No. 3 のポジションに位置するメンバーが「中央型」を得意とするのであれば、ためらわず彼らに委ねてください。帝王学にも「強みを伸ばせ、苦手を克服するな」と書いてあります。そのほうが、素晴らしい結果をもたらします。部下も確実に成長し、強いチームへの一歩を踏み出します。

　部下やメンバーがキラリと光る場面をつくってあげられるのは、上司にほかなりません。往々にして優秀な部下・メンバーであるほど上司を見る目があります。あなたがかつて部下・メンバーだった時代を思い出してください。あなたの良さを理解し、ここぞという場面で登板させてくれた上司がいましたよね。あのときの喜びはいまでも脳裏に焼き付いて離れないでしょう。反対に、自分が確実に役に立てる場面だったのにそれすら理解せずあなたをポジションから外した上司のことを「あの上司はホントに人を見る目がない」とはっきりと覚えているのではありませんか。つまり私はあなたがすでに体験済みであると確信しているわけですが、人は誰しも「自分の強みを理解してくれて、重要な場面で重用してくれる」人に絶大な信頼を寄せ、この人になら一生ついていきたいと思うものなのです。さあ、今度はあなたが、憧れの上司になる番です。
　まずはあなた自身の最も得意とするリーダーシップの型を理解し、

苦手なことはそれを得意とする誰かに振ることが大切です。強みを伸ばせ、苦手を克服するな。これがリーダーシップにおける全体最適だからです。自分の立場や体面を死守したいがために押し通すのは部分最適の域を出ません。うまくいかなかったときには部下やメンバーをも疲弊させ、信頼残高が減ることは間違いがありません。あなたも苦しい立場に置かれてしまいます。責任があるからといって、いつも自分が一番にでしゃばっていては誰も幸せにはならないのです。役割のための努力ではなく、そのメンバーの強み・才能を活かすことができているのかどうかが鍵であり、支援するのがリーダー・管理職の存在であると考えます。

　リモートワークの時代のマネジメントで重要になってくるのは、相手の価値を引き出すことによる信頼の醸成、そしてそれによってこそ成り立つ距離感であるといっても過言ではないでしょう。

## 1　ま と め

 リーダーシップの型を知る。自分の得意とするリーダーシップに特化する。自分が苦手な場面はそれを得意とする誰かに任せる勇気を持つ。「強みを伸ばせ、苦手を克服するな」

 **リーダーシップの３つの型**

「**先 頭**」型：百年戦争でフランスを勝利に導いたジャンヌ・ダルクのように、まさに目印の旗を掲げて、メンバーを鼓舞し、奮い立たせる役割を担う。キーワードは、ビジョン、勢い。

「**中 央**」型：メンバーの気持ちや心境、現場での細かな状況変化に気を配り、声掛けをしながらコミュニケーションをとり、横並びの立ち位置で共感しながらまとめていく役割。キーワードは協調、団結。

「**最後尾**」型：全体を俯瞰し、崩れかけたバランスを早期に見直し、戦略と戦術を再構築しながら最適な状態を維持し、一歩下がってまとめていく役割を担う。キーワードは、目的の達成や完遂。

 役割のための努力ではなく、そのメンバーの強み・才能を活かせているのかどうかが重要な鍵であり、そのために支援するのがリーダー・管理職の存在である。

# CHAPTER 2

## 最速で最強の
## TEAMをつくるための
## 基本ルール

# 1

# 「才能を活かす」という発想で
# チームを考えてみよう

英語のTEAM という言葉は、じつは４つの単語の組み合わせだ
という説があります。

| T | Together | みんなで一緒に |
| E | Each (Everyone) | それぞれが |
| A | Achieves | 達成する |
| M | More | もっと |

[図1]

基本のフォーメーション

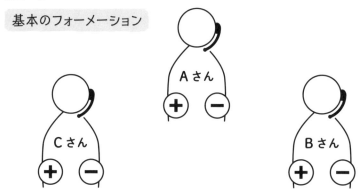

ここに３人のメンバーがいます。それぞれ A さん、B さん、C さ

んとします。人には強みと弱みがあってそれをここではプラス（＋）とマイナス（－）で表現します。ひとり1馬力としたなら、3人合わせて何馬力でしょうか。3馬力だとよいのですが、実際の組織では、諸事情によってそうではないことが多いようです。

　たとえば、育児中のために時短勤務の人、しばらく休職していて復職したばかりの人、新入社員や異動者でこの先しばらくはフルパワーでの稼働が期待できない状態の人……というようなことがあげられます。そうなると、仮にひとりあたり0.5馬力とすれば、3人あわせても1.5馬力にしかなりません。これではTEAMとは呼べません。なぜなら先ほどお話しした通り、TEAMのMは「More」であるからです。3人いるのにMoreにならないそれより少ない数字では「Group（グループ）」でしかありません。チームビルディングの極意は、この馬力の数をいかに引き上げて大きくするか、なのです。どうやったらいいかをご説明します。


　Aさんは、新しいアイデアを出すことに強みがあるけれど、細かい繰り返しや確認作業を苦手としているメンバーだとします。Bさんは、繰り返し作業が嫌ではないし事務作業も得意なメンバーですが、論理的な分析を苦手としています。

　Aさんの苦手なことを、Bさんが引き受けます。[図2]では当初Aさんのところにあった（－）は、Bさんのところに動かして組み替えると（＋）になります「❶」。Aさんにとって苦痛だったことはBさんにとっては得意なことであり、朝飯前かもしれません「❷」。引き受けたことでBさんはAさんの役に立つことができます。こ

のとき、Bさんはフローに乗ったことによる（＋）が発生します「❸」。人は自分自身の強みを活かして誰かの役に立っていることが自覚できるとき、「フロー」と呼ばれる状態になります。

　心理学ではフローと呼びますが、スポーツ選手が集中している様子では「ゾーン状態」または「ピークエクスペリエンス状態」とも呼びます。英語ではFLOWと書きます。水に浮かべた笹舟がなんの障害もなく、すぅーっと流れていく状態をイメージしてください。アメリカの心理学者であるミハイ・チクセントミハイ（Mihaly Csikszentmihalyi, 1934/9/29 ～）が提唱したフローの定義には６つありますが、全部覚える必要はありません。ここではそのうちのひとつだけ理解しておいてください。それは「時間感覚の歪み」です。

　どういうことかというと「フローに乗ると時間のねじれが発生する」ということです。活動に没入するあまりに時間の経つのも忘れ、ふと時計を見たときに「あっ、もうこんな時間だっ！」と感じたり、すでに何時間もその作業をしていたにもかかわらず、「全然疲れないどころかとても楽しい！　もっとやっていたいっ！」と感じるのがフローに乗っているときのサインです。この本を読んでくださっているあなたも、かつてそういう体験を何度もなさったことがあるのではないでしょうか。今、Bさんのところには、もともとあった（＋）、組み替えたことによる（＋）、フローが発生したことによる（＋）、の合計３つの（＋）があることになります。


　これを繰り返します。Cさんは論理的に考えることが得意で、

[図2]

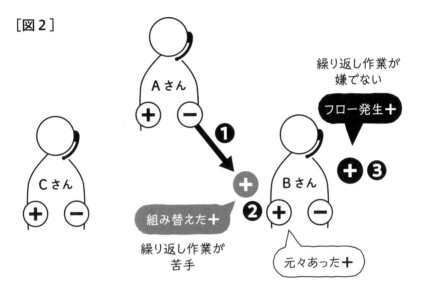

「やるか・やらないか」のジャッジが得意です。今度は［**図3**］のようにBさんの（−）がCさんのところに引っ越します「❹」。Bさんのところにあったときには（−）だったものが、Cさんのところに動かして組み替えると（＋）になります「❺」。得意なことを活かしているCさんはこのとき、フローに乗ったことによる（＋）が発生します「❻」。Cさんのところには、もともとあった（＋）、組み替えたことによる（＋）、フローが発生したことによる（＋）、の合計3つの（＋）があることになります。

　最後にもう一度繰り返します。Cさんは新しいことを始めたりするのが苦手です。先ほど申し上げたとおり、Aさんはアイデアを出すのが得意です。ですから今度は［**図4**］のようにCさんの（−）が

[図3]

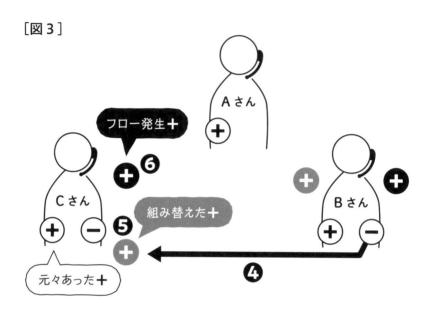

Aさんのところに引っ越します「❼」。Cさんのところにあったと
きには（－）だったものが、Aさんのところに動かして組み替える
と（＋）になります「❽」。得意なことを活かしているAさんは、こ
のときフローに乗ったことによる（＋）が発生します「❾」。いま、
Aさんのところにはもともとあった（＋）、組み替えたことによる
（＋）、フローが発生したことによる（＋）、の合計3つの（＋）が
あることになります。

　いかがでしょうか。Aさんは（＋）を3つ、Bさんも（＋）を3つ、
Cさんも（＋）を3つ持っている状態になりましたね。つまり、3人
が3馬力の状態です。では、3人合わせて何馬力になるでしょうか。
　3＋3＋3＝9馬力。

［図4］

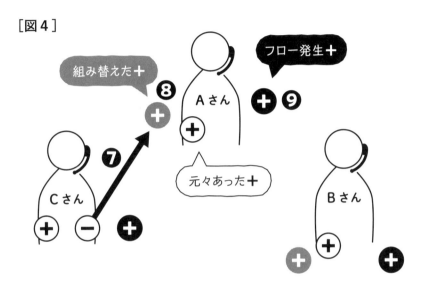

　単純に足し算をするなら正しいのですが、ここでは違います。こういった状態を英語では "synergy effect"、つまりシナジー効果と呼びます。シナジー効果とは、複数の企業や企業内の異なる事業部門が協働して得られる相乗効果のことで、経営学ではよく用いられる単語です。組織やメンバーが共同して一丸となることで、個々で発揮していた力よりもその効果がさらに上回ることを意味しているのです。そしてここで大事なのは「相乗とは算数用語である」ということなのです。つまり、それぞれの要素を乗じるという意味です。乗じるとは乗算、掛け算のことです。はい、もうお分かりでしょう。３×３×３という式となり、３×３×３＝27馬力という解が導き出されるのです。

3人いるのに1.5馬力しかだせなかったチームとは雲泥の差です
ね。確認してみましょう。ここではメンバーの入れ替えをしたわけ
ではありませんでした。事業内容が変わったわけでもありません。
タスクの組み換えですから手間もかかりません。苦手なこと、考え
ただけでも気が重くなりそうなタスクから引き離してもらえるので、
メンバーのストレスは大幅に軽減します。それをすることが大好き
で、それに伴って成果も上がることをいまよりもっと任せてもらえ
るのですから、パフォーマンスが上がるのは必至です。モチベーシ
ョンも格段に上がります。自分自身の得意を奪われることもなく、
誰かの得意を奪うこともなく、全員がハッピーな結果となっていま
す。

- 今いるメンバーで
- 今の事業内容のままで
- 最短の時間で
- 最小のストレスで
- 最大のパフォーマンスを
- 半永久的にたたき出すことができる
　この方法が真のチームビルディングであることをご理解ください。

　ちなみに、先述の人員構成であれば、理論数字上は「瞬時に」
「物理的に」27馬力※をたたき出せることになります。しかし、その
メンバーにとっていったい何がプラスで何がマイナスなのか、本当
に理解しているリーダー・管理職はいったいどれくらいいるでしょ

うか。メンバーに対して「仕事として任されているのだからそれぐらいのことができないと困るよ」といって、決してその人の好物ではない仕事をアサインしている管理職、その人の得意なことを引き剥がしたうえにさして適任でもない誰かにアサインしてしまっている管理職は意外と多いのではないでしょうか。

　この本を読んでくださっているリーダー・管理職であるあなたは、ご自分の抱えているメンバーにとって、いったい何がプラスで何がマイナスなのかをご存知ですか。なによりあなたはあなた自身の才能のありかを知っていますか。もしご存知だったとして、それは肌感覚ではなく、論理的に科学的に正しいと言えますか。さらには、知っているということと活かせているかは別の問題です。
　東洋哲学でも、ギリシャ時代の西洋哲学でも、「才能は生まれたときから備わっていて、死ぬまで変わることがない」とされています。その人が生まれ持った「才能」を論理的に科学的に明らかにしてくれるのが、Talent Focus® オンラインテストです。受検時間には個人差はありますが５分ほどです。
　一度、Talent Focus® オンラインテストをお試しください。これまでのアセスメントテストと違う点としては、①先天的な、生まれ持った才能を示す——才能は生涯変わらないので一度受けるだけで十分。②才能のみならず経験として意図的に伸ばしてきた部分をも示す。③何度受けても結果が変わらない信頼性と妥当性を緻密なアルゴリズムで確立している。④氏名や生年月日などの個人情報を一切必要とせずに判定される。⑤才能を知って終わりではなく、ど

うすれば伸ばせるのかについても具体的に言及している、ことがあげられます。

　　人には「活躍の場」を与えよう。
　　それが、懐の深さというもので、人の隠れた能力を引き出すということでもある。
　　人の上に立つ人の、もっとも大切な仕事なのではないだろうか。

──斎藤茂太

●注釈（P.26）
※ 27 馬力というのは、単純に売上が 27 倍ということではなく、文化の醸成などの無形財産の創出なども含みます。

## 経験から出た芽は枯れる、才能から出た芽は枯れない

　私はこれまでに国内で 800 社を超える企業組織における幹部人材の育成に関与してきました。同時期に 2 人を採用したとして、特に中途採用などの場合は要件に合った人物だけが採用されるので、結果として似たようなスペックの人が入社することになります。珍しいケースでは、出身高校も大学も同じ、入社までの職務経験も非常に酷似していたことがありました。採用の段階から関わり、幹部としてのトレーニングを担うのが私の役割です。今までに何度も経験してきたことですが、似たようなスペックなのにどういうわけだか、入社後に「咲く人」と「咲かない人」がいるのです。この違いはいったいどこからくるのだろうか。私には何がその差を生んでいるのか不思議で仕方がありませんでした。あるとき、その能力はどこから出ているのだろうかということが気になり、独自に研究を始めました。これまで 6 万人を超える方々にお会いし、30年のビジネス実務経験を経て私が辿り着いた答えは「才能から出た芽であれば、たとえ発芽時期が遅くとも必ず開花する。人生の実りを得るまで枯れることはない。しかし、経験から出た芽は大成するまでに時間がかかる。そして一番いいときのあとにポキッと折れたりして無残にも枯れてしまう」ということだったのです。

　魚をたとえにお話ししましょう。魚には海水魚と淡水魚がいます。食べるものは植物性プランクトンかもしれませんし、肉食かもしれ

ません。同じ魚でもからだの仕組みや生態はまったく違うのです。それを同じように扱えばどうなるでしょうか。帝王学・陰陽五行ではそれを適材適所の例として挙げています。「あんなふうになりたい」と自分にはないモノを目指すことはあります。もちろん社会生活を送る上では最低限のことができないと困りますが、それ以上のことに関しては、苦手を克服するために時間とエネルギーを浪費しないほうが良いのです。ゴールまでの道が自分の「才能を活かせない」やり方では、最終的には成功から遠く乖離してしまうからです。異なるロールモデルを目指して苦節ウン十年の下積みをすることが一種の美徳とされた時代は終わりました。自分の「才能を活かす」方法を用いれば、誰でも、いつからでも才能を開花させることができます。こんなふうに話すと、「特定の職業に就くために才能の向き・不向きがあるのか」と質問される方がいらっしゃいます。

　お医者さんの例を挙げて説明します。Talent Focus® 的な視点では、医者になるのに「向いている才能」というのはありません。ただ、医者としての在り方が異なるだけです。たとえば、海外に飛び出していって新しい治療法や術法を取り入れるのが得意なお医者さんは「木」のエレメントに多いです。昔ながらの治療法でとてつもない症例数を築きあげ、その世界でゴッドハンドと認められるようなお医者さんは、その道を極めていく「水」のエレメントに多いです。つまり、どの才能を伸ばしてその場所に辿り着いているかの違いであって、その職業に就ける、就けないということではないのです。このあとそれぞれのエレメントについてはもうすこし詳しく掘り下げて見ていきますので参考になさってください。

# 人の才能は 「5つのエレメント」に分けられる

　陰陽五行では、宇宙や自然のサイクル、世の中などを全体のバランスでとらえます。便宜的・意匠的に5つの要素に分けていますが、Talent Focus® では、そのなかから宗教的要素や占いの性質を排除して取り入れています。それが、木火土金水の5つです。このうちのどれかに優劣があるのではありません。全体としてとらえてバランスが整っていることが重要であるとされていて、自然のサイクルもそれに紐づいています。

「木」が生まれて枝葉を茂らせ、それによって「火」が燃え盛り、出来上がった灰は堆積して「土」となります。土の中では長い時間をかけて鉱物（「金」）が結晶化をすすめます。土の中にも温度があり、冷えたときにはその水分が結晶の表面に付着して「水」のモトができます。それが地中で集まると伏流水となります。その水を吸いこんで新しい芽が息吹くのです。この順番は変わりません。冷夏や猛暑になることはありますが、夏のつぎに春が来たり、冬に戻ったりすることは絶対にありません。木火土金水のサイクルが逆行することはあり得ないのです。

　私は、コミュニケーションは掛け算のようなものだと考えます。自分の強み・才能を知り、相手の強み・才能を知り、それらを掛け合わせるときにおのずとコミュニケーションの形が決まってきます。ですからまずは自分がどんなタイプなのかを知ることが先決です。

そのあと、相手がどんなタイプかを知る必要があります。いったんわかってしまえば生涯変わりませんから、意思疎通がしやすくなります。「なぜわかってくれないのか」というストレスからも解放されます。

　各エレメントの特徴を見ていきましょう。
「木」のエレメント（WOOD）の人は、五行のサイクルの中の一番はじめに位置しています。いわば物事の始まりを担当するポジションです。
　拡張するエネルギーを持ち、いろいろなアイデアがどんどん芽吹

[図5]

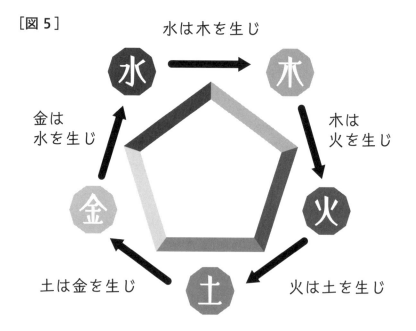

水は木を生じ

金は
水を生じ

木は
火を生じ

土は金を生じ

火は土を生じ

32

く才能を持ちます。発想の切り替えや行動のスピードが速く、興味の対象が次から次へと変わります。前例のないケースにおいて0から1を創り出すことができます。危機的な状況でもそこから脱出するだけの突破力を持ち、新しいものをいつも探しています。期間限定や数量限定、新作を好み、人と同じものには関心は示しません。同時多発的に物事を進めるために机の上はごちゃごちゃと散らかっていることが多いです。注意力散漫に見えるのですが、じつはその都度ものすごい集中力で向き合っています。

　5つのエレメントのなかでは、物理的な高さがあるために最も視座が高く、全体を俯瞰して把握する能力に長けています。ただしその分細かいことは気にしない大雑把なところがあり、上から目線になって威圧的になりがちなところもあります。会話をするときに胸から上のジェスチャーが顕著。声や話し方に独特の特徴がある人が多いのも「木」のエレメントの特徴です。白紙のノートに自由に書くことを好みます。物事をWHATで考えるタイプです。

「火」のエレメント（FIRE）の人は、すでにそこにある1のアイデアを10や100に花開かせ展開する才能があります。具現化するための広報や伝播力が強いという特徴があります。他人に興味があり、今日はなんだか元気がないな、髪型が変わったなというような小さな変化にもよく気が付き、声を掛けます。一人ひとりの近況などもじつによく把握しています。面倒見がよく、直接会って話せば互いにわかり合えるはずだという信念を持っています。細かい戦略や論理的な数字は苦手です。チームをまとめる際にもメンバー間

の雰囲気を重んじます。幹事役を引き受けることも多く、根本的に明るく楽しく、みんなで仲良く盛り上がることを大切にしています。

　自分に属するチームメンバーを励まし、守る、面倒見の良さがあります。打ち上げなどのイベントも大事にする人です。仲間意識と連帯感は、「火」のエレメントならではのところがあります。ただし、仲間意識が強くなりすぎると派閥のような事態に陥ることもあるので注意が必要です。話すときは体全体を使ったジェスチャーが特徴的で、情熱・パッションがあふれ出ています。飲食が好きで、食事に行ったり飲みに行ったりすることでコミュニケーションを深めて仲良くなれるタイプです。価格云々ではなく、信頼できる人物からの勧めで物品購入に至ることが多いです。罫線のノートを好みますが罫線を無視して書き込んでいる傾向があります。WHO で考えるタイプです。

「土」のエレメント（EARTH）の人はおとなしく、慎重です。うまくいくかどうかよりも失敗しないことが大事で、安心安全が最重要事項となります。そのために念入りに準備をしておきたいタイプです。ぶっつけ本番やアドリブ的な対応は無理です。ここまではっきりと「無理」といってしまうと「土」のエレメントから抵抗されるかもしれません。「大丈夫です！　できます！」って声が聞こえてきそうです。しかし、「土」はそのための事前準備が必要です。いつも備えておくために荷物が多く、段取りに時間がかかります。人に言われたりされたりしたことや、ネガティブな感情をいつまでも覚えています。いったん「土」のエレメントの人の信頼を損なうと

回復が難しく、相当の時間を要します。

　組織やチームの関係性を荒立ててまで自分の意思を主張することはしないため、みんなの意見を聴きます。まず受容するというスタイルです。決断を求められるのは苦手で、決められたことに従いたいタイプです。穏やかで平和主義、従順に見えますが、内面には頑固さがあります。フリースタイルで考えることよりも、示された選択肢や候補のなかで考えることを好みます。責任感が強く、困っている人がいると面倒見がよくフォローをしますが、限度を超えると相手への過干渉になったり共依存になったりします。

　事務的な作業やルーティンワークは嫌いではありません。方眼罫メモを好み、マス目の中に文字を書いていたりします。基本的に文字の大きさは小さいです。表彰台に引き上げられて派手に扱われるよりも身近な人からのささやかな感謝を喜びと感じるタイプです。WHEN、WHERE でものを考えています。

　「金」のエレメント（METAL）の人は冷静沈着、完璧主義で、リスクマネジメントが得意です。効率主義を重んじ、無駄を嫌います。コストパフォーマンスを大事にします。身の回りのものも華美を嫌い、シンプルで定番・オーソドックスなものを選びます。正確で確実であることが重要です。自分が信頼を寄せている人からどう見られているかを気にして忠誠を尽くそうとします。ツンデレが極端です。情動やノリ、雰囲気を避ける傾向が強く、数字でコントロールしたいという気持ちが強いです。誰かとつるむことはせず、淡々と単独行動をします。集まるときも現地集合、現地解散型です。パー

ソナルスペースを大事にし、人と密着することは避けたいタイプです。

　チームで働くときも自分の担当している部分にしか興味がありません。うまくいっていることを変えたくない気持ちがとても強いです。お世辞や社交辞令、愛想笑いをすることを嫌います。「火」とは対照的で人間的な温度は冷たい印象を与えます。他人には興味がなく、信頼・根拠のある情報やモノ・コトに興味を持ちます。自分と他人を分け隔てて考えるため、トラブルが起きたときなどには責任の所在を追求します。笑っているときでも目が笑っていないという特徴もあります。HOW で考えるタイプです。

　「水」のエレメント（WATER）の人は、5つのエレメントのなかでもっとも複雑系です。歯に衣着せぬ表現をしますと「一番面倒くさい」タイプです。というのはひとりの人間のなかに3つの態様を内包しており、不定期に変態するからです。いまはどの状態であるかを見極めてから接する必要があります。ひとつは液体。これは一番調子がよくフローに乗っているときです。2つめは固体。頑固に凝り固まって手も足も出せない状態です。3つめは気体。軸が定まらずブレまくっている状態です。物事の終わりまで進んでいるのに急に気が変わってやっぱりやめた、と言い出して天邪鬼になり、周囲を困惑させることもあります。

　「水」のエレメントは仕組みで解決することが好きです。うまくいったことがあればそれを横展開するような流れを好みます。対人マネジメントやコミュニケーションを面倒くさいと感じる傾向があり

ます。専門性などを極めていきたいという気持ちが強い職人肌です。その道の第一人者とつながることを好み、そういう人とのネットワークがある自分が好きです。飲み会などでは他人の話に興味がなく自分の話をしたがり周りをドン引きさせることもあります。順番を待てない人です。

　また、目的意識が高く、自分の頭で考えることが好きで延々と考えています。納得しないと前に進めないタイプですが、いったん考えがまとまると三日三晩徹夜するほどの没頭力を発揮します。自分の考えは正しいという確信を持っています（根拠はありません）。ノートは、聞いたことや板書されたものをそのまま書くのではなく、自分流の理解に置きかえたものを型にはまらずに自由に書くので、公的議事録作成には適していません。文房具にこだわりがある人が多いのも特徴です。WHY で考えるタイプです。

　いかがでしょうか。各エレメントの説明を読んでみると、ご自身のことや身の回りの方々の顔が浮かんだのではないでしょうか。これらの特徴は、才能の持つ特性であり、生涯変わることがありません。どんなに役割を演じていたとしても、人間はやはり生まれたときから備わっている才能があるものなのです。そういう点では、自分を知る・相手を知るということは、トリセツそのものです。また、それらを知った後で具体的にどのように関わっていったらよいかがわかることは、その先の人間関係構築の際に大変大きな意義を持ちます。

　ここでどうしてもお伝えしたいエピソードがあります。

先ほど「土」のエレメントのところでアドリブが「無理」と書きました。「土」のエレメントの方は、役に立ちたいとばかりにどんなことにも真面目に対応しようとします。

　「木」や「火」のエレメントの方は、「細かいことは向いてないよね」と誰かに言われれば、「そうなの！　わかってくれてうれしい！」と開き直れるのですが、「土」のエレメントの方にはそれができません。「無理とは言われたくない」でしょう。だから「いえいえ、言われればできますし、やれます！」と返答してしまいがちです。そこがやはり「土」のエレメントの特性でもあり、本人が自覚している以上に負担となることがあるのです。ですから、あえて私は「無理」と言いきったのです。

　先日、「土」のエレメントの元同僚が自死しました。ありとあらゆる業務の球拾いをし、疲れ果て、それでも毎日笑顔を絶やさず仲間に貢献し続けた結果でした。抱えた業務が多すぎるために残業が増え、それについて会社からは残業を減らせと言われ、直近では依頼された納期に間に合わせるために自宅に持ち帰って深夜まで仕事をしていた……。

　遺書には「もう無理」と書いてあったそうです。日頃の様子からはそんなに追い詰められているとは誰も思わなかったそうです。ほんとうでしょうか。いまでも私の疑念は晴れずにいます。上司も先輩も、自分たちの都合の良いように、自分自身が楽をするために、頼まれると断れない性格の「土」のエレメントに業務を押しつけたのではないのでしょうか。葬儀の後、遺族は会社に対して過労自殺を理由とする訴訟を起こしています。

　私は、「土」のエレメントの方が無理をしすぎて、これ以上ひとりたりとも自分を絶望の淵に追いやられることがないように強く願います。そしてこの本を読んでくださっているチームリーダー・管理職の方には、どうかみなさんの周りでそんな結果を招くことがないように切にお願いを申し上げます。

　　別の人間に仕立てようというような不可能なことを、相手に要求してはならない。　　　　　　　　　　　　　——トルストイ

　　一人ひとりに天の使命があり、その天命を楽しんで生きることが、処世上の第一要件である。　　　　　　　　　——渋沢栄一

# ルール③ 強みを伸ばせ、苦手を克服するな

　会社組織という場所は、とりわけ日本という国では、年季を重ねるごとに、努力によってできないことをできるようにし、できるようになった領域をどんどん増やさなくてはならないという価値観が横行しています。

「こんなこともできないのか」、「時間がかかっているのにまだ終わらないのか」、「こんなこともできなくてどうする」、「君の弱点は○○○○なところだ」、「これができるようになるまでは昇進できない」といった具合に、苦手を克服すべきということにかなりガチガチな発想なのです。

　しかし、組織の在り方は変わり始めています。Aさんが苦手なことを1日かけて一生懸命に頑張ったところでミスが起きるし、効率は悪いし、残業も増えるし、肩こりもひどくて頭痛もしてくるでしょう。モチベーションも一気に下がってロクなことはありません。会社組織にしてみればその1日はAさんにお給料を払っている時間なのです。はじめからその業務を得意とするBさんに任せたら、もしかして1時間足らずで終わるようなことかもしれないのです。その仕事をAさんに任せるのと、Bさんに任せるのと、2つの選択肢があったとします。リーダー・管理職であるあなたはどちらが全体最適でメリットがあることだと思いますか。

　ここで頭をもたげるのが組織の中での人材育成の「罠」です。Aさんの上司からすると「これを機にこの種類の業務遂行能力を身に

つければ A さんは成長できるかもしれない。だから、ここはひとつ心を鬼にして A さんに任せた方がいい」という理屈です。A さん自身も「これは成長のチャンスだ。自分にとっては苦手な分野だけれども一生懸命頑張ってみよう。会社の期待にこたえなくては」と思い込んでしまうのです。

　実際にあった話をご紹介します。ネットワーク関係の営業会社に、2 人が営業職として入社してきて、研修を受けることになりました。A さんは、もともと体育会バスケ部キャプテン。快活でフットワークが良く体を動かすことが好き。ジェスチャーたっぷりに初対面でもすぐに打ち解けられます。子どもの頃から友だちはとても多く、休日には友だちと出かけたりして過ごすことが多いようです。B さんは読書やプログラミングが好きで基本的におとなしいタイプ。人見知りが激しいほうで初対面が苦手。友だちは少なく、ひとりで過ごす方が落ち着くそうです。論理的に話をすることができるのですが、声はあまり大きくありません。かなり対照的な 2 人です。

　テレアポはとても過酷で、A さんは一日中デスクに張り付いて電話をかけ続けます。やっとつながった相手でも電話では身振り手振りは伝わりません。どんどん元気がなくなって、長時間椅子に座っている影響もあって椎間板ヘルニアを発症してしまいました。

　一方、B さんはというと飛び込み営業をしながら、一生懸命商品説明をするのですが相手にまったく聞いてもらえずに門前払い。完全に自信を失ってしまいました。2 ヵ月経った頃には急性の鬱を発症。結果として A さん B さんの 2 人は営業不適格の烙印を押され

てしまったのです。

　ちょうどその頃、私がその企業のコンサルタントとして関わることになり、2人と直接面談して、私が担当する部署で預かることになりました。Aさんには外勤営業として新規開拓の案件で先輩に同行する期間を設定し、たくさんの人に会ってもらうことを心がけて育てました。Bさんには内勤営業として既存顧客のフォローを任せ、これまでの取引履歴を見てもらって気がついたことや分析に基づく改善提案などを報告してもらうことにしました。それから15年。2人はともに昇格し、自分の得意なところを活かし、相手の苦手を補い合って良きバディとして仕事をしています。

　当時の管理職は「俺もそういうふうにやってきたんだからお前もやれ」、「教えた通りにやってさえいればいいんだ」という俺流の押しつけでした。社会人として必ず通らなければならない道だ、なんて決めつけるのはもう時代遅れです。

　私は20年以上ヘッドハンティングをやってきた経験を持っていますが、同じ営業職であっても成功するパターンというのは異なります。口八丁手八丁で話がうまいタイプがいつも成功するとは限りません。説明責任の大きな医療機器メーカーなどでは、一見おとなしく見える、誠実で分析肌の営業メンバーが何年も連続してMVPを受賞しているということも珍しくありません。

　　憧れを持ちすぎて、自分の可能性を潰してしまう人はたくさんいます。自分の持っている能力を活かすことができれば、可能性は広がると思います。
　　　　　　　　　　　　　　　　　　　　——イチロー

**ルール④** **最強のTEAMは「才能の違い」を受け入れ、バランスが良いという共通点**

　五行の考え方では木火土金水という5つのエレメントが、高いレベルでバランスがとれていることが良い状態とされています。「木」のエレメントの人が、「金」のエレメントのことをやるのは非効率です。その逆も然り。それぞれがそれぞれの持ち場で高いパフォーマンスを発揮することが、結果的に凹みをカバーして余りある実績をあげていくのです。

　44ページ **[図6]** はある組織の例です。チームメンバーのTalent Focus® オンラインテストの受検結果を配置したものです。

　この組織では、「木」のエレメントが4人、「火」のエレメントが4人、「土」のエレメントが2人、「金」のエレメントが1人、「水」のエレメントが2人という構成のチームです。木火土金水のエレメントが全部揃っています。

　5つのエレメントが揃っていることは理想的なのですが、改善すべき点もあります。「木」のエレメントのAさんのグラフに着目してください。生まれ持った才能である「木」のエレメント以外の部分、特に左半分が大きく伸びているのがお分かりいただけるでしょう。これはAさんが、経験によって伸ばした部分にあたります。そして「金」の領域というのは「木」にとって相剋の関係（72ページ参照）ですから、「A」さんは自分が持っている斧で自分自身の枝を断ち切っているようなものなのです。

あなたがこのチームを率いるマネジメント・管理職の立場にある人ならば、まずこの「金」のエレメントの領域の業務について、担当者の見直しを図ることです。具体的にはAさんから「金」のエレメントの領域の業務を引き離し、「金」のエレメントのBさんに任せることにします。このことにより、Aさんは負荷から解放され、今までよりもフットワークよく活動できるようになります。これはBさんにとっても得意な仕事、好きな仕事が増えるのですから、仕事が楽しくて仕方ないということになります。

　さらに見ていくと、「水」のエレメントのCさんが大変なことに

**[図6]**

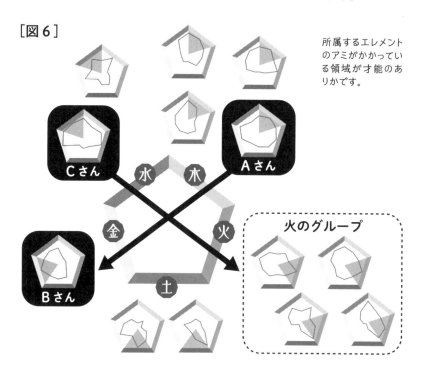

所属するエレメントのアミがかかっている領域が才能のありかです。

なっています。自分の才能ではない「火」の領域を大きく伸ばしています。これは自分の熱で自分自身を溶かしてしまっている状態です。日常の様子を観察してみればおそらく相当疲弊しているはずです。

　幸いにも「火」のエレメントをみると複数人いますから、Cさんが抱えている担当業務のうち「火」のエレメントに相当する部分を「火」のエレメントのグループのだれかに、あるいはグループ内に分散して振り分け直すのが妥当であり効果的です。

　このように、たった2つの施策を実施するだけで、あなたがまとめているチームメンバー全員がフローに乗れることがお判りいただけましたか。個人個人のパフォーマンスを挙げるための部分最適ではなく、全体最適を志向したマネジメントをすることで、チーム全体の活性化がはっきりと表れてきます。

　　最も重要な決定とは、何をするかではなく、何をしないかを決めることだ。　　　　　　　　　　　——スティーブ・ジョブズ

最強の TEAM ビルディングとは、「今いるメンバーで」、「今の事業内容のままで」、「最短の時間で」、「最小のストレスで」、「最大のパフォーマンスを」、「半永久的に」たたき出すことができる。「3 + 3 + 3 = 9」ではなく、「3 × 3 × 3 = 2 7」を実現できる。

### ルール ① 経験から出た芽は枯れる、才能から出た芽は枯れない

才能から出た芽であれば、たとえ発芽時期が遅くとも必ず開花する。人生の実りを得るまで枯れることはない。しかし、経験から出た芽は大成するまでに時間がかかる。そして一番いいときのあとにポキッと折れたりして無残にも枯れてしまう。

### ルール ② 人の才能は「5 つのエレメント」に分けられる

木・火・土・金・水の 5 種類あり、生涯変わることがない。「自分の強み・才能」と「相手の強み・才能」の掛け算でおのずとコミュニケーションの形が決まる。自分と相手の掛け算を意識してトリセツを使いこなすことで、立体的なコミュニケーションは劇的に容易になる。まずは自分がどんなタイプなのかを知ることが先決。そのあと、相手がどんなタイプかを知る必要がある。

### ルール ③ 強みを伸ばせ、苦手を克服するな

5つのエレメントの特徴を理解したうえで業務設計を考えるとよい。

## 2-1 まとめ

|  | エレメントの主な特徴 | 得意な領域 | 価値観 | 口癖 | 思考の癖 |
|---|---|---|---|---|---|
| 木 | スピード・新しいアイデア・同時多発・個性・勢い・即断即決・集中力・先導役・視座が高い・危機からの脱出・特別感 | 企画・アイデア・新規事業・ビジョン策定 | 使命感 | いま なんか | WHAT |
| 火 | 広報、伝播、情熱、チームの一体感、和やかな雰囲気、対面コミュニケーション、ささやかな変化に気づく観察力、人情派 | 広報・チームリード・コラボレーション推進・モチベーション施策 | 共感 | とりあえず ですよね | WHO |
| 土 | 安心安全・受容・ルーティン・顧客満足・事務的作業・記録・マニュアル・平和的解決・面倒見のよさ・人の役に立ちたい | 納期厳守・マニュアル作成・きめ細かな顧客対応・データや資料の管理・情報収集 | 責任感 | わかりました（単なる返事） | WHEN・WHERE |
| 金 | リスクマネジメント・効率・定番・冷静沈着・コストパフォーマンス・分け隔てる・言われたことはやる・秩序を守る・個人主義 | 情報収集・分析・リスクマネジメント・分掌・ミスの発見・校閲 | 正義感 | 念のため 確認させてください 許せない 逆に | HOW |
| 水 | 目的・戦略設定・仕組みで解決・こだわり・考え続ける・順番を待てない・自分軸・自己中心・第一人者好き・没頭・MYルール | 修正・改善提案・成功事例による横展開 | 達成感 | なんで どうして そもそも | WHY |

**ルール ④** 最強の TEAM は「才能の違い」を受け入れ、
バランスが良いという共通点

　強みに時間とエネルギーを集中する。自分の得意なことに関わる
ウェイトをあげていく。管理職にできることは、メンバーの抱えて
いる負荷を減らし、得意なことに集中する時間を増やせるようにシ
フトすること。

# 2

# 自分の才能を
# 見つけよう

 **ルール⑤　まずリーダー自身が
　　　　　　自分の才能を知るべし**

　Talent Focus® オンラインテストは、インターネット接続環境下で受検することができる才能特定テストです。日本で開発され、2016 年にリリースされました。一般社団法人才能開発支援機構が、Talent Focus® の普及や資格制度の運営などを担っています。現在は日本語版、英語版、中国語版（繁字体）が用意され、すでに日本、香港、ロンドン、中国（深圳）にローンチされました。2020年 5 月には、オランダに移住した有資格者がいたことをきっかけに、ヨーロッパ支部が設立されました。これからヨーロッパにおける Talent Focus® の普及・強化が待たれるところです。

　あなた自身がどんなタイプで、相手がどんなタイプなのか。これらの掛け算によってコミュニケーションの質は大きく変わってきます。以心伝心で伝わる相手もいれば、何度説明しても納得してくれない、なぜかすんなりいかずに衝突してしまう「水と油のような」相手というのはどこの世界にもいるものです。
　才能特定・才能育成システムである Talent Focus® というツー

ルを使って、まずは自分の才能や特性・価値観を知り、さらに、他者の才能や特性・価値観についても見立てることができれば、その人に合わせた最適なコミュニケーションをとることが格段に容易になります。相手に伝わりやすい表現というのは、じつは再現性の高い法則として確実に存在するのです。これを活用しない手はありません。

　陰陽五行と、それに基づく帝王学において、才能は生まれたときから備わったものであり、生涯変わることはないとされています。Talent Focus® オンラインテストはあなたの生まれ持った才能のありかと、これまでの人生において培ってきた経験のありかを、レーダーチャートグラフによって明らかにします。

　判定結果で示されたエレメントがあなたの才能です。そのエリアは着色されています。それ以外に伸びている部分は、才能ではなく経験として時間をかけて伸ばしてきた部分です。一見して、それが生まれ持った才能に見えるようなことであっても、いざふたを開けてみると「経験の蓄積によってできるようになったこと」である可能性があるのです。

　Talent Focus® は、中国 3000 年を超える歴史を持つ陰陽五行、限られた者しか学ぶことができないといわれていた帝王学に加え、開発者の 30 年超の人材ビジネス経験を融合させて編み出されたメソッドです。Talent Focus® オンラインテストは、6 万人以上の人との面談、800 社を超える幹部育成経験を通して蓄積したものを緻密なまでのアルゴリズムによって構成し、テストと呼べる十分な妥当性と信頼性を備えています。ですから、同じ人が何回受けたと

[図7]

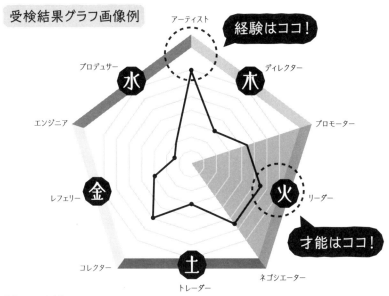

[グラフの見方]
アミがかかっている領域が才能のありかであり、所属するエレメントを表しています。

しても受検結果は変わりません（経験のエリアに関しては変動が認められますが、才能のありかであるエレメントに関しては変化しません）。

　この受検者はゲーム会社のプレイングマネージャー（当時40代・男性）です。日頃彼と接していた私たちは、彼の才能は「木のエレメント」であると想定していました。開発者の私でさえ疑うことすらしませんでした。実際、彼の言動には「木らしさ」があふれ出て

おり疑う余地はなかったのです。しかし、テストの受検結果はまさかの「火」のエレメントでした。ここから何が言えるかというと、本当は「火」なのに、頑張って「木」を伸ばしてしまったケースであるということです。

　才能以外のところが伸びる理由には２つあります。ひとつは、自分にはないものを持っている人に対しての憧れです。いわば内的要因に基づいた自分自身の選択です。「あの人みたいになりたい」と思うことで、行動パターンを経験値として蓄積していきます。もうひとつは親や兄弟姉妹、職場の環境などで「才能以外のエレメント」を目指すことを直接強要された、あるいは長きにわたって行動矯正に近いほどの圧力を受けたことによる外的要因です。

　こういったテストを受ける場合、日本人に多いのは、全方位にわたって数値が大きいグラフを理想だと思ってしまうことです。どこかが凹んでいたりする場所があるとそれは自分の弱点とみなされ早期に克服を迫られると思い込んでしまうのです。

　Talent Focus® オンラインテストはグラフが大きいことを良しとするテストではありません。才能のエリアに線が比較的集中していること、才能以外の領域に寄り道していないことが「生きやすさ」として重要なのです。ピーナツ型や膨らんだお餅のような形の方は、人間が２つに引きちぎられるような環境に置かれていることが多いです。そのような人生は、生まれ持った才能以外のことで生きていかなくてはならない苦しみを抱えていることが多いのです。長きにわたってそういった生活を続けていると、苦しみに慣れて感覚が麻痺してしまいます。そしていまさら手放すことができないと

いう状態に陥りますのでとくに注意が必要です。

　しかし、いまはできるようになっていることについて、それが才能によるものなのか、経験によるものなのか見極めがつきにくいですね。才能と経験の見極めが難しいというのなら、いったいどこがどう違うのでしょう。いろいろなケースがありますが、多くの場合、経験によってできるようになったことであれば、そのレベルに至るまでにそれなりの年月を要しているはずです。できるようになるまでに時間がかかったかどうか、これは見極めポイントです。また、そのことをやっていて楽しい、いつまでも続けてやっていたいと感じるかどうかもポイントです。生まれ持った才能が宿っている分野であれば、たとえ着手が遅かったとしても確実にぐんぐん芽を伸ばします。スイッチがすぐ入る分、時間をかけずにある程度以上のレベルまで到達できることが才能だと言えそうです。

　なお、この受検者は当時プレイングマネージャーとしてゲームクリエイトとマネジメントという二足の草鞋を履いていましたが、この判定結果を受けて軌道修正をすることになりました。ゲームデザインよりも、メンバーの働きやすさを意識し、熱量やモチベーションによってまとめる人的マネジメントにウエイトバランスを変えたのです。その後、このチームは大きく業績を伸ばし、社内でも不動の地位を獲得するチームとなり、新しく建った本社ビルに部屋を与えられています。

　とにもかくにもご自身の才能のありかを特定してください。そして、これまで経験で伸ばしてきたことについて理解できたら、今後はそこに時間とエネルギーを注力することを手放してください。余

った時間とエネルギーで、才能の領域に向き合えば間違いなく成果が出ますし、フローに乗るまでに時間もかかりません。誰かの苦手があなたにとっては喉から手が出るほど大好物だったら受け取りましょう。同じようにあなたの苦手を大好物にしている人がいます。彼らに与えてあげてください。業務に固執してフローが止まると悲惨なことになります。誰かの大好物を奪ってまでやることではありません。

　アップル創業者の故スティーブ・ジョブズがかつてスタンフォード大学の卒業式でスピーチをした内容をご存知ですか。他人の人生を生きるな、という話でした。自分以外の誰かになろうとするのではなく、自分の人生を生きなさい、そういう内容です。私もほんとうにそう思います。あなたは世界にたったひとりしかいない存在。あなたが誰かの役を演じれば大根役者かもしれない、だけれどもあなたがあなた自身の役を演じればアカデミー主演男優賞・女優賞は間違いなし、だと。

　バスケットボールの神様の異名を持つマイケル・ジョーダンはこう言っています。

　　**第二のマイケル・ジョーダンは現れないだろう。そして私も他の選手にマイケル・ジョーダンになれとは言わない。**

　リーダー・管理職のお立場であるあなたに、まず先にご自身の才能を知っていただきたいのにはもうひとつの理由があります。じつはこの本を書く前のことです。2018年の3月に、子どもに関わる大人向けに『5つのエレメントでぐんぐん伸びる　子どもの才能の

見つけ方・伸ばし方』という著書を上梓いたしました。この本は私の初著書です。私のビジネスはおもに企業・組織という B to B の世界が中心なのですが、なぜ初著書で「子ども」「教育」の世界に向けて発信したのかをお話ししておきます。

　企業での幹部人材育成といえば聞こえはよいかもしれませんが、現実のワークロードはといえば口で言うほど簡単なものではありません。平たく言えば、30 過ぎ、40 過ぎの大の大人を、「期限の制約のあるなかで」「育てなおす」という作業なのです。極端な言い方ですが、0 から芽を育てるほうがまだ楽に思えます。10 年 20 年もの間、その方が蓄積してこられたビジネスキャリアにおいてがっちりと染みついた考え方をアップデートして（この剪定作業はとても大変なものであり、時には残酷でさえあるものなのです）、さらに新しい価値発揮をする豊かな土壌へと作り変える。こちらは砂漠に水を撒いているような気持ちになりますし、心が折れそうになることは何度もありました。

「次世代幹部」と目されている方々ですから「中堅」をゆうに超えた世代です。これを育てなおすという途方もない負荷に直面し、どうすればこの風潮を変えられるのか考えるようになりました。そして、もっと早い時点から自身の「生まれ持った才能」にフォーカスした生き方をしてもらったほうが理に適っているのではないかという考えを持つようになりました。

　たとえば、中学生、高校生ぐらいの時期に自分の強みをしっかり認識できて、以降はそれらを実証できる成功体験を積み上げていればどうなるでしょうか。自己肯定感も上がることは想像に難くない

し、社会参画の形も変わってくるに違いないと考えたのです。ところがひとたび子どもに目をやると、子どもの生育環境は大人のコントロール下にあるわけです。親や社会の制約に翻弄されている……これは子どもに関わる大人の意識が変わらないとどうにもできないことだと気がついたのです。

あるとき、出張で飛行機を利用しました。搭乗し慣れている飛行機ではありますが、ひとつの大きなヒントが私の目の前にありました。飛行機に一度でも登場したことのある方ならお分かりかと思いますが、離陸前に客室乗務員の方が、救命ベストの装着方法や天井から酸素マスクが降りてきたときの対応の仕方などをレクチャーしてくださいます。座席の前のポケットには機内販売のカタログや機内誌のほかに、「安全のしおり」が入っています。あなたもこれをご覧になったことがあるのではないでしょうか **［図 8］**。

ではここで質問です。いまあなたは機上の人です。小さな子どもと一緒に乗っているときに、緊急事態が発生しました。天井から酸素マスクが降りてきたとします。さて、あなたは降りてきた酸素マスクを自分が先に着けますか。それとも子どもへの装着を優先しますか。

去る 2018 年 3 月に、一般社団法人才能開発支援機構として東京の明治大学駿河台キャンパスを会場にお借りして「第 1 回 Talent Focus® 教育シンポジウム」を開催しました。（そのときの様子については、こちらの動画をご覧ください https://www.youtube.com/watch?v=rniHciAlW3E ）。

[図8]

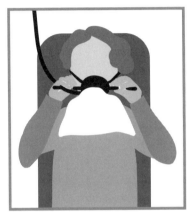

大人が先に装着　　　　　　　　子どもはあとに装着

　公立校・私立校の現役の先生方を対象にしたワークショップだったのですが、そのときもいまと同じ質問をしました。マスクを着けるのは大人が先か、子どもが先か。結果はといえば、「自分より先に、子どもに酸素マスクを着けさせる」といった方が参加者の7割を超えました。職業的使命感、責任感がそうさせるのかもしれません。では、ここで正解を見てみましょう。[図8]をご覧ください。

　いかがでしょうか。まずは大人が自分自身の安全を確保してから、子どもの装着を手伝っていますね。そうなのです。大人が先に助かることによって子どもを助けることができるのです。有害な煙が充満する機内で子どもを助けようとしているうちにあなたが先に意識を失って倒れてしまったら、どうなるでしょうか。子どもはその時

は助かったとしてもその先を生き延びることはできません。万一の場合でも、大人が生き延びていれば子どもに対して蘇生措置を施すことができます。だから、答えは大人が先なのです。さて、あなたの答えは、正解だったでしょうか。

　同じロジックでいえば、子どもと接する大人が先に才能を活かせるようにならないといけません。子どもは自分の力だけで自分の環境を変えることができません。子どもの環境をつくるのは、ほかでもない大人だからです。この国が元気を取り戻すためにも、まずは大人が先に才能を咲かせて、そして子どもたちの才能が咲くようなサポートをする必要があります。これをチーム・組織に置きかけて考えるとすれば、リーダー・管理職である皆さんが、先に自分の才能を咲かせて、後進・メンバーたちのために環境を整えてあげる役目があるということになります。
　シャンパンタワーをご存知ですか。いちばん上が満たされないと次のグラスを満たすことはできないのです。だからまずはあなたがご自分の才能のありかを知り、その活かし方を知り、具体的に他者とどのように立体的に関係性を構築したらよいのかを理解して、どんどん才能を光らせていただくことからはじまります。

### ◆◇◆ 2-2 まとめ ◆◇◆

⬡　経験を積んでなんでもできる人になっていることよりも、才能にフォーカスできているかどうかのほうが大事。才能を使って伸ばしていなければその人生は寄り道だらけだということを意味します。才能のあるところに時間とエネルギーを集中すれば必ず短時間で素晴らしい成果があがります。

### ルール ⑤　まずリーダー自身が自分の才能を知るべし

　使命とは何か。与えられた才能に、時間を使うことが使命を果たすことです。

　飛行機の機内で緊急時に天井から降りてくる酸素マスクを大人が先に装着する意味を理解します。組織においては、立場が上の者が、後進・部下のための環境をセットする役割があります。シャンパンタワーが一番上のグラスを満たしてから次の段に注ぎ込むように、リーダー・管理職であるあなたが才能を伸ばしてフローに乗ることが重要です。

# 3

# メンバーの才能を
# 見極めよう

 **ルール⑥** 「本当の自分」は
じつは他人のほうがよく見えている

## 》簡易版による才能の見立て方（テスト未受検の場合）

　組織・チームのメンバー全員が Talent Focus® オンラインテス
トを受検できればよいのですが、諸事情でそれが難しい場合は、各
エレメントの特徴を理解したうえで「見立て」をしてみることをお
勧めします。2つの軸で、相手のエレメントを予測します。

## 》左右に分ける

　ひとつめの軸は内向性と外向性の指標です。これは性格が明るい
か暗いかということではなく、本人の興味の対象がどちらに向いて
いるかということです。どちらの答えがいいというわけではありま
せん。外向タイプであれば、自分の外にある「ひと」に興味があり
ます。

　外向型の人の特徴は、わからないことがあったときにまずは「ひ
と」に聞くという行動に出ることです。その事象に詳しい人に聞く
というこだわりがあるわけではなく、「近くにいる人」、「たまたま
隣にいた人」に、気軽に声をかけて尋ねます。外向型の人は誰かと

一緒にいる時間を楽しめる人です。外向型は図の右側Aにあたります。

　内向型であれば、「もの・こと・情報」に興味があります。内向型の人の特徴は、自分で調べるという行動にでます。納得のいく答えを得るまで複数の検索方法で調査し検証します。どちらかというとパーソナルスペースを大事にし、一人でいる時間を大切にしたい人です。内向型の人で、ときどきとても人付き合いが良い人がいますが、じつは、これは人そのものが好きなのではなく、その人が背負っている、持っている情報そのものに魅力を感じているという理由があることがほとんどです。内向型は図の左側Bにあたります。

　さて、あなたが見立てたいと思っている人物は、AとBのどちらにあたるでしょうか。内向―外向という区分指標は、ユングのタイプ論やMBTI、Big5でも用いられています。

[図9]

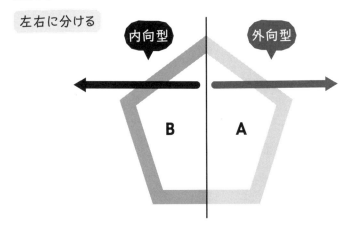

61

## 》上下に分ける

　2つめの指標は、直感で判断するタイプか、経験値に基づいて失敗しないように判断するタイプかです。先ほど左右に分けましたから、それぞれに対応して AC、AD、BC、BD の４つのエリアが出来上がります。これはあくまでも簡易版ですので、正確にご自身の才能のありかを知りたければ、Talent Focus® オンラインテストの受験をお勧めします。才能だけではなく、経験値としてどんなことを積み上げて伸ばしてきたのかについてもレーダーチャートグラフによって示されます。

　民間企業の幹部研修などでご利用いただくことが多いのですが、全員の受検結果を知るメリットが大きいとして、チームビルディングの必携ツールとして高い評価をいただいています。

[図 10]

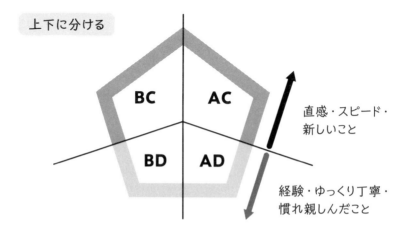

上下に分ける

BC　AC
BD　AD

直感・スピード・新しいこと

経験・ゆっくり丁寧・慣れ親しんだこと

[図 11]

4つのエリアに分ける

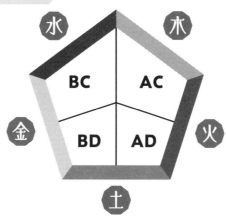

## 《 AC タイプの人 》

「木のエレメントの人」または「火のエレメントだけれども木に近い人」の可能性が高いです。

「火のエレメントだけれども木に近い人」の場合、「木」か「火」の見分けをつける質問があります。迷ってしまった場合は相手の方に次の質問を参考にしてください。

**Q1：パーティに誘われました。質問するのはどちらですか。**

- 〈A1〉 なんのパーティですか。
- 〈A2〉 ほかに誰が来るんですか。

　答えが〈A1〉であれば「木」のエレメントの可能性が高く、

〈A２〉であれば「火」のエレメントの可能性が高いです。

**Q２：あなたがリーダーになるとしたらどちらの組織がいいですか。**

----------------------------------------------------------------

**〈A3〉** 100人を超える組織。
**〈A4〉** 30人程度の組織。

答えが〈A３〉であれば「木」のエレメントの可能性が高く、〈A４〉であれば「火」のエレメントの可能性が高いです。

**Q３：あなたが苦手なのはどちらの人ですか。**

----------------------------------------------------------------

**〈A5〉** その人が任されることに対して説明を求める人。
**〈A6〉** あなたがすることに対して理由を聞いてくる人。

答えが〈A５〉であれば「木」のエレメントの可能性が高く、〈A６〉であれば「火」のエレメントの可能性が高いです。

## 《 ADタイプの人 》

「火のエレメントだけれども土に近い人」または「土のエレメントの人」の可能性が高いです。

「火のエレメントだけれども土に近い人」の場合、「火」か「土」かの見分けをつける質問があります。迷ってしまった場合は次の質問を参考にしてください。

## Q4：降水確率20%。傘を持って出ますか。

〈A1〉 持っていく。

〈A2〉 持っていかない。

答えが〈A1〉であれば「土」のエレメントの可能性が高く、〈A2〉であれば「火」のエレメントの可能性が高いです。

## Q5：あなたが仕事をするとしたらどっち。

〈A3〉 人の役に立ちたい。

〈A4〉 事業を拡大したい。

答えが〈A3〉であれば「土」のエレメントの可能性が高く、〈A4〉であれば「火」のエレメントの可能性が高いです。

## Q6：あなたが新しいことを始めるときはどんな気持ちですか。

〈A5〉 ワクワクする。成功したい。

〈A6〉 緊張する。失敗はしたくない。

答えが〈A5〉であれば「火」のエレメントの可能性が高く、〈A6〉であれば「土」のエレメントの可能性が高いです。

## 《BCタイプの人》

「金のエレメントだけれども水に近い人」または「水のエレメント
の人」の可能性が高いです。

「金のエレメントだけれども水に近い人」の場合、「金」か「水」
かの見分けをつける質問があります。迷ってしまった場合は次の質
問を参考にしてください。

### Q7：口癖はどちらですか。

------------------------------------------------------------

〈A1〉 どうやって。どんなふうに。

〈A2〉 なんで。どうして。

　答えが〈A1〉であれば「金」のエレメントの可能性が高く、
〈A2〉であれば「水」のエレメントの可能性が高いです。

### Q8：あなたはどちらに当てはまりますか。

------------------------------------------------------------

〈A3〉 冷静沈着。頑固。効率重視。

〈A4〉 マイペース。自分軸。自分の美学。

　答えが〈A3〉であれば「金」のエレメントの可能性が高く、
〈A4〉であれば「水」のエレメントの可能性が高いです。

**Q 9：好きなことに熱中した後の行動はどちらに近いですか。**

- - - - - - - - - - - - - - - - - - - - - - - - - - - - - - - - - - - - - - - - - -

　　〈A5〉　気に入ったパターンを繰り返す。
　　〈A6〉　自分がしたことへのフィードバックを求める。

　答えが〈A5〉であれば「金」のエレメントの可能性が高く、
〈A6〉であれば「水」のエレメントの可能性が高いです。

**《 BD タイプの人 》**

「土のエレメントだけれども金に近い人」または「金のエレメント
の人」の可能性が高いです。

「土のエレメントだけれども金に近い人」の場合、「土」か「金」
かの見分けをつける質問があります。迷ってしまった場合は次の質
問を参考にしてください。

**Q 10：メンバーが週末に髪を切ったようです。**
　　　　**月曜日、あなたはどうしますか。**

- - - - - - - - - - - - - - - - - - - - - - - - - - - - - - - - - - - - - - - - - -

　　〈A1〉　髪型が変わったことに気がついて声をかける。
　　〈A2〉　気づかない。

　答えが〈A1〉であれば「土」のエレメントの可能性が高く、
〈A2〉であれば「金」のエレメントの可能性が高いです。

**Q 11：休憩時間の過ごし方はどちらに近いですか。**

- - - - - - - - - - - - - - - - - - - - - - - - - - - - - - - - - - - - - - - - - -

　　〈**A3**〉　皆と分け隔てなく話す。

　　〈**A4**〉　家に居たり、ひとりで静かにしている。

　答えが〈A3〉であれば「土」のエレメントの可能性が高く、〈A4〉であれば「金」のエレメントの可能性が高いです。

**Q 12：どちらのタイプに見えますか。**

- - - - - - - - - - - - - - - - - - - - - - - - - - - - - - - - - - - - - - - - - -

　　〈**A5**〉　温和。おとなしい。集団主義。

　　〈**A6**〉　クール。冷静。個人主義。

　答えが〈A5〉であれば「土」のエレメントの可能性が高く、〈A6〉であれば「金」のエレメントの可能性が高いです。

　いかがでしょうか。おおよその見当はついたでしょうか。もし相手のエレメントが特定できないとしても、皆目見当もつかない、わからないということもないと思います。まずは第1候補のエレメントを仮決めしてそのエレメントに関するトリセツ（P.31参照）を参考にコミュニケーションを実施してください。

　見立てが間違っているようでしたら、第2候補のエレメントに切り替えて対応を変えてみます。そうすることで、相手がフローに乗るエレメントが見つかるものです。

### 2-3 まとめ

**ルール 6** 「本当の自分」はじつは他人のほうがよく見えている

　相手の才能を見立てる。まずは特定して接してみる。見立てがあっていれば関係性はよくなり、相手はフローに乗る。もし第1候補の見立てが間違っていた場合はほかのエレメントを想定して、そのように接してみる。だいたいのケースでは隣接するエレメントの比較でどちらかで悩み、第2候補ぐらいで特定に至ることが多い。

●注釈（P.61）
**ユング**……カール・グスタフ・ユング（Carl Gustav Jung、1875年7月26日〜1961年6月6日）は深層心理について研究したスイスの心理学者。

**MBTI**……Myers–Briggs Type Indicator、マイヤーズ・ブリッグスタイプ指標。ユングのタイプ理論に基づいて、アメリカの心理学者キャサリン・クック・ブリッグス（Katharine C. Briggs、1875年1月3日〜1968年7月10日）と彼女の娘イザベル・ブリッグス・マイヤーズ（Isabel B. Myers、1897年10月18日〜1980年5月5日）が作り上げた自己理解の座標軸。16タイプに分類する。

　　MBTI（エムビーティーアイ：Myers-Briggs Type Indicator）は、個人をタイプに分類したり、性格を診断したりすることが目的ではありません。回答した個人一人ひとりが、自分の心を理解し、自分をより生かすための座標軸として用いることを最大の目的にしています。
　　　　　　　　　　　　　　（一般社団法人日本MBTI協会の公式Webサイトより）

**Big5モデル**……1990年代にアメリカの心理学者ルイス・R・ゴールドバーグ（Lewis R. Goldberg、1932年1月28日〜）によって提唱された性格分析理論。パーソナリティ特性の分類法。開放性、誠実性、外向性、協調性、神経症傾向の5つの指標について計測する。

# 生活の中の五行

　これまで私たちが受けてきた学校教育では、五行について学ぶ機会がありません。ですから、私たちはそれが五行と関係している事実を知らないことが多々あります。実際には日々の生活のいたるところに五行があります。

　たとえば、カレンダーの立春、立夏、立秋、立冬も、五行でいう24節気のひとつです。

コラム1

　また、五行には十干十二支というのがあります。十二支
と、「甲・乙・丙・丁・戊・己・庚・辛・壬・癸」の十干
の組み合わせです。十二支と十干の組み合わせは60種類
にもおよび、人間が生まれてから60年経つと、この60種
類の干支が一巡します。このことから「生まれたときと同
じ暦に還る（赤ちゃんに還る）」という意味で「還暦」と
呼ぶようになりました。12の動物が木火土金水の5回巡る
のに60年かかります。これで、暦が一周巡ったという意
味で還暦というのです。

　ビジネスで欠かすことのできない契約書。みなさんも
甲・乙・丙という言葉を見たことがあるでしょう。これも
五行に由来しているものなのです。日常にも「甲乙つけが
たい」という表現がありますね。意外と生活の至るところ
に五行があるものなのです。

# 4

## 才能同士の相性に
## 着目しよう

　コミュニケーションの形は「自分の強み・才能」と「相手の強み・才能」との掛け算といっても過言ではないでしょう。すんなり通るものがあるかと思えば、いちいち衝突することを余儀なくされる組み合わせというのもあります。同じように接しているのに、うまくいかないのはなぜなのでしょうか。いえいえ、同じように接しているからうまくいかないのだということに気がついていただきたいのです。あなたと相手の組み合わせによって発生しうる関係性を図にしてみました。基本的な相性の組み合わせは以下の通りです。

### 相性マトリックス

| あなた ＼ 相手 | 木 | 火 | 土 | 金 | 水 |
|---|---|---|---|---|---|
| 木 | ● | ○ | △ | × | ◎ |
| 火 | ◎ | ● | ○ | △ | × |
| 土 | × | ◎ | ● | ○ | △ |
| 金 | △ | × | ◎ | ● | ○ |
| 水 | ○ | △ | × | ◎ | ● |

## 《◎の場合の関わり方　相生（大吉）》

　◎の関係というのは、相手のエレメントによって自分が生みださ
れるという相生の関係です。相手が親で、あなたはそこから生まれ
た子どもの関係。相生は、転じて相性となっているぐらいですから、
価値観も伝わりやすい、波長も合う関係性です。一緒にいると安心
できます。親から子に流れていくように心がけたコミュニケーショ
ンをしてください。

## 《〇の場合の関わり方　相生（小吉）》

　あなたの状況を理解し、話を受け止めた後、次のステップへ具体
的に進めてくれる人です。相手はあなたによって生み出されますの
で、あなたが親で、相手が子どもの関係といえるでしょう。小吉で
す。たとえば水と木の関係を見てみましょう。形をとどめない水に
とっての木は、まさに形あるものです。木は一滴の水から生まれ、
水の意向や考えを汲みとってくれて、芽吹いて枝を伸ばし、可視化
してくれます。

## 《△の場合の関わり方　相剋
## 　　（あなたが加害者になってしまう関係）》

　悪気はないけれど、知らず知らずのうちに、こちらの想像以上に
相手を傷つけてしまう関係。ちょっと強く言っただけなのに相手に
とっての致命傷を負わせることも少なくありません。上司・部下な
ど、組織内の力学においてあなたの方が強い場合には特に注意が必
要です。思いっきり相手に向き合うのではなく、力加減をして半分

くらいの力で向き合うのが平穏さを保つコツです。あなたがさほど思っていなくても、相手のこころのなかでは時間をかけて熟成が進んで積年の恨みになることがあります。世の中で取りざたされるパワハラはこのケースに当てはまっていることが多いです。気をつけましょう。

## 《《 ●の場合の関わり方　比和(ひわ) 》》

　打てば響く、同類です。同じところで同じように感じるので、まるで双子か仲良しきょうだいのような関係性。楽しい時は１＋１＝３のような関係です。しかし、こじらせると周囲も手に負えないほどに荒れます。相手を滅ぼすまで攻め続けてしまうことも。こうなるとせっかくプラス３だったものが、一気にマイナス３に転じるほどの冷え込んだ関係になります。「陰極まりぬれば陽に転ず、陽極まりぬれば陰に転ず」という言葉があるように、比和のスイッチが入ってしまうのは長らく平和な蜜月が続いたあとです。きっかけは相手への嫉妬が原因であることが多いです。物理的に距離と時間をあけて、衝突のほとぼりが冷めるまで待つしかありません。

## 《《 ×の場合の関わり方　相剋
## 　　（あなたが被害者になってしまう関係）》》

　向こうには悪意はなかったかもしれないけれど、「そういういい方しなくてもいいじゃない」というぐらいに感情的な軋轢を生みます。しかも相手のそういった振る舞いは一度や二度ではありませんので、そのたびにあなたはイヤな思いをします。その相手とのコミ

ュニケーションについては「またひどいことを言われるかも」と年
季の入ったトラウマさえ抱えているかもしれません。傷つく頻度が
上がると顔を合わせるのも億劫になります。間に誰か（相手の力を
弱めてくれる存在や、あなたの力を強めてくれる存在）を挟んで中
和するように心がけると穏やかさを取り戻せます。

# ルール⑦ いい流れをつくり、
それを逆行させないこと（五行相生）

　加担の関係です。「木・火・土・金・水」の順で回ることを五行相生と呼び、この右回りの関係を「順行」と呼びます。万物の法則と同じサイクルですので、ごく自然に、発展・成功の軌道に乗っていきます。物事の始まりは、一滴の水を含んだ木から始まります。できることなら執務スペースについても、年功や肩書、役割の順ではなく、ある場所を起点に木火土金水の右回りの席順にすることをお勧めします。ちょっとした席替えでしたら費用も掛かりませんし、1週間もすれば、コミュニケーションが是正・補正されて職場の空気が穏やかになります。部全体でのレイアウト変更が難しければ、小チーム単位でも構いませんので席替えをしてみましょう。

［図12］

 五行相生

## ルール⑧ 危険な組み合わせは避ける（五行相剋）

　加害・被害の関係を五行相剋といいます。これは避けたほうがいいという組み合わせで天敵となりうる関係です。もちろんいつも仲が悪いというわけではないのですが、ちょっとしたことで不穏な空気になりますし、バランスが崩れると思いのほかひどくこじらせてしまう加害・被害の関係です。

　じゃんけんを想像してください。

　「木」は、「土」とのじゃんけんに勝ちます。根っこを張り、栄養を吸い取ります。「土」にとってはとにかく痛くてたまらない。土は逃げられませんので弱ります。「木」が剋す側、「土」が剋される側です。

　「土」は、「水」とのじゃんけんに勝ちます。水の流れを堰き止めたり、濁らせたりします。「水」にとっては行く手を遮られてしまいます。「土」が剋す側、「水」が剋される側です。

　「水」は、「火」とのじゃんけんに勝ちます。「火」を消してしまいます。消された「火」は、乾くまでなかなか再燃することができません。「水」が剋す側、「火」が剋される側です。

　「火」は、「金」とのじゃんけんに勝ちます。その熱量で「金」を溶かしてしまいます。溶かされた「金」は冷えて固まるまで時間がかかります。「火」が剋す側、「金」が剋される側です。

　「金」は、「木」とのじゃんけんに勝ちます。「金」は金属製品となり、「木」の枝を切り落とします。「金」が剋す側、「木」が剋され

る側です。

　ただし、五行相侮といって、相剋の関係なのにまったく逆の見え方をすることがあります。これを逆相剋とも言います。たとえば、「土」と「水」の組み合わせにおいて、本来であれば「水」が堰き止められて負けるところを、「水」がよってたかって「土」に襲いかかって「土」を流してしまうのです。まるで津波か洪水かというような状態です。「火」と「水」も、通常であれば「火」の負けですが、火力が相当強いことで「水」を沸騰させて蒸発させてしまうという現象もあります。

[図13]

五行相剋

## ルール⑨ 同じエレメント同士は いい時と悪い時がある（比和）

　いわば同類です。基本的に考え方や価値観が同じです。いいとき
はとにかく仲がよく、ほほえましい関係です。ところがひとたび衝
突すると、一気に極限まで悪化して周りが手を付けられないくらい
炎上します。近所に住んでいた幼馴染みで、まるで双子かきょうだ
いみたいに仲が良かったのに、ある日を境に交流がプッツリ途絶え
たりするのも、比和の可能性があります。入社時には仲が良かった
のに、それぞれが中堅になってから「仇」のような関係になるケー
スもあります。これはどちらかが先に昇進や昇格したり、生活環境
に変化が起きたときに発生しやすいです。

# エレメントごとに「刺さりやすい」声掛けに変える——励まし編、ダメ出し編

　五行の配置で右側に位置するエレメントは基本的にポジティブです。うまくいっていること、できていることに目を向けています。一方で、左側に位置するエレメントはその反対で、うまくいかなかったこと、できていないことに目を向けるという特徴があります。実務スキルとモチベーションの関係性においては、「モチベーションが上がってから実務スキルが上がる」のが右側のエレメント。反対に、「実務スキルが上がってからモチベーションが上がる」のが左側のエレメントです。「木」のエレメントはスピードや新しさが大好きです。そこを褒められるとニコニコです。「火」のエレメントは仲間との一体感が大事です。みんなの前で、チームとしての功績を称えてあげると、もっと頑張ろうという気持ちになってくれます。「土」のエレメントは日々の感謝の積み重ねが大事です。ステージの上でのスポットライトを浴びて社長からの派手派手しい表彰を受けるなんて、気が引けてしまいます。それよりは日頃接している身近な人からの感謝が大好物です。「金」のエレメントは、正確であること、手堅く確実であることがウリです。言われたことはしっかりやってくれます。自分が心の中で「主（あるじ）」と決めた人に認められていることが自尊心につながります。それは必ずしも直属の上司とは限りません。「水」のエレメントは、自分の専門志向について第一人者から褒められるのが好きです。

| | 褒める | 凹ませない叱り方 |
|---|---|---|
| **木** | ●「水」から褒めると良い。<br>●新しい取り組みに対して斬新なアイデアや価値創出ができていることを褒める。 | ●「金」から言うのはダメージが大きいので避ける。<br>●「どうやって?」のような具体性や細部への説明を求める言葉は禁句。<br>●いまのやり方を頭ごなしに否定するのではなく、他のやり方も考えられるかなと聞いてみる。<br>●ひとりで集中する時間をつくってあげる。<br>●使命感が重要なので、それをやることの影響や特別感を伝える。 |
| **火** | ●「木」から褒めると良い。<br>●チームとしての成果をみんなの前で褒めたり、チームの団結や雰囲気の良さを褒める。<br>●よく観察したうえでの行動をとっていることを褒める。<br>●情に訴えると響きやすい。 | ●「水」から言うのはダメージが大きいので避ける。<br>●「なんで」「どうして」のような理由や目的を追求する言葉は禁句。<br>●孤立させないことが大事。<br>●職場で公然と声をかけるのではなく、親しい人経由で食事に誘うなど「大丈夫?」と声をかけてあげれば頑張れる。<br>●共感が重要なので、理解者がいることや、しっかり見守っていること、終わったら打ち上げの計画があることなどを伝える。 |
| **土** | ●「火」から褒めると良い。<br>●みんなの役に立っていることについて、日頃からのささやかな感謝の積み重ねが大事。<br>●甘いものの差し入れも効果的。 | ●「木」から言うのはダメージが大きいので避ける。<br>●「どう思う?」のようにフリースタイルの質問やアドリブの要求は禁句。<br>●情報を追加する。口頭より、証拠が残るメモなどがお勧め。<br>●伝え漏れは絶対にいけない。<br>●いまどんな状況なのか確認する。<br>●いきなり改善策を考えさせるのではなくこちらの要望をはっきりと具体的に伝達する。<br>●責任感が重要なので、その仕事にどんな意味があるかなどを伝える。 |

| | 褒める | 凹ませない叱り方 |
|---|---|---|
| 金 | ●「土」から褒めると良い。<br>●正確であること、指示通りに完遂してくれること、こちらが望んだ水準をクリアしていること、頼りにしていることを褒める。<br>●自分の中で主を決めており、その人に認められたい。 | ●「火」から言うのはダメージが大きいので避ける。<br>●「いい感じ」、「そんな感じ」、「なんとなく」、「たぶん」のような感覚的、抽象的な言葉は禁句。<br>●信頼を寄せている上位の人に気にかけてもらえると頑張れる。真っ向勝負は意固地になるので避けたほうが良い。<br>●言われたことはやるが、言われていないことはしないので、こちらの要望をはっきりと具体的に伝達する。<br>●正義感が重要なので、そうすることが正しいということを伝える。 |
| 水 | ●「金」から褒めると良い。<br>●こだわりを褒める、目的を達成していることを褒める。<br>●じっくり考えたうえでの決断を尊重する。<br>●本質的に優れていることを承認する。 | ●「土」から言うのはダメージが大きいので避ける。<br>●理想論者のため「いつ」「どこで」のような現実に引き戻す言葉は禁句。<br>●1対1だと力づくでも話を通そうとする。<br>●1対多だと他人の目を気にして聞く耳を持つことが多い。<br>●自分の考えが正しいと思い込みすぎるため、一旦は語らせないとガス抜きできない。<br>●聞いた上で他の視点を聞かないと前に進まない。<br>●「何のためか」目的を再度認識させると良い。<br>●達成感が重要なので、過去の成功体験を思い出させることが大事。 |

## 2-4 まとめ

**ルール 7　いい流れをつくり、それを逆行させないこと（相生<ruby>相生<rt>そうじょう</rt></ruby>）**

当事者にとって、相生になる関係、順行のサイクルを意識する。なるべく早く、チームに成功体験を持たせるように心がけたい。

**ルール 8　危険な組み合わせは避ける（<ruby>相剋<rt>そうこく</rt></ruby>　※<ruby>相侮<rt>そうふ</rt></ruby>）**

ダメージを受けているメンバーがいることに気がつくのは、プロジェクトがいよいよ大事な局面に差し掛かったというときだったりすることが多い。衝突しやすい組み合わせに関しては、なるべく一騎打ちにならないように間に誰かを介在させるなどの工夫をする。

**ルール 9　同じエレメント同士はいいときと悪いときがある（<ruby>比和<rt>ひわ</rt></ruby>）**

同じエレメントで波長が合うからといって、油断しないこと。どちらか一方の意見だけを聞くと嫉妬につながり、衝突を増長することになる。距離が近づきすぎないように適宜目を配ること。

**ルール 10　エレメントごとに「刺さりやすい」声掛けに変える
──励まし編、ダメ出し編**

エレメントごとに刺さりやすい言葉やシチュエーションというものがある。ダメ出しについては、相剋の関係にある相手から注意されるとダメージが一層大きくなるのでとくに注意が必要。ほめるときは肩からお湯をかけるようなやさしくあたたかい気持ちを心がけて行う。5つのエレメントの特徴を理解したうえで業務設計を考えるとよい。

CHAPTER 3

# TEAM の問題を
# 解決するための
# 実践ルール

Talent Focus® を用いたコンサルティングでは、まず、チームメンバー全員のフロー状態を確認するところからはじまります。フローに乗っていない人がいた場合は、そこをケアすることがリーダー・管理職の役割となります。Talent Focus® では、組織の中で発生するトラブルやエラーの要因はコミュニケーション不全によるものと定義しています。状況によって、それらの表出の仕方は異なります。

　唐の太宗皇帝の構築した政治手法によって、唐は約 300 年もの長きにわたり栄えました。印刷技術もない時代にそれを手本にすべく多くの王たちがこぞって学んだことから王様の必修学問という意味合いで「帝王学」という呼び名が付いた「貞観政要」。日本では、徳川家康がこれを真似て江戸幕府を開き、265 年にわたる時代を築き上げるという実績を残しています。時代と場所が変わっても通用する体系化されたメソッドとなっている「貞観政要」は、もともと一国という大きな組織マネジメントに特化したものです。これを民間企業のマネジメントに照らしあわせるならば、多くのことが短期間に解決してゆくのは決して不思議なことではありません。サスティナブル（持続可能）な取り組みにも即効性があると言えます。


　碁月にして知るべきなり。

　　訳：満１ヵ年のうちに成果が認められるのです。

　　　　　　　　　　　　　　　　　　　（『貞観政要』の巻第三）

信に碁月の間を以て、天壌を彌綸す可し。

　訳：まことに、満1ヵ年のうちに天地間をあまねく治める
　　　ことができます。

（『貞観政要』の巻第三）

　正しいことを正しいやり方でやっていれば、必ず1年以内に望ましい結果が出るという意味のことが、『貞観政要』には幾度も出てきます。つまり、1年経っても望ましい結果が出なかったならば、その戦略あるいは施策はどこかが間違っているということなのです。そう思って企業組織を眺めてみると、1年で大胆な軌道修正ができずにいつまでも旧態にしがみつき、最終的にはいったい何をどうしたらそこまでこじらせることができるのかと首を傾げたくなってしまうほどの事態というケースもかなりあります。

　経営層・幹部層に直接インタビューすれば「いったい何に手こずっているのか、諸悪の根源はどこにあるのか」はすぐに判別できそうなものですが、実際のところ、経営層自身がフローに乗っていないとそもそもそういったことに自覚がないために、こちらの提案を受け入れてもらえないこともあります。理に適った経営にフォーカスすれば、戦略を最適化して引き直してゆくことができます。大手のコンサルタント会社のコンサルティングを受けても結局は何も改善できずに終わってしまったような企業でさえ、みるみる色鮮やかに蘇生してゆきます。私が関与した企業クライアントが短期間に勢いを増すのはそのためだと言えます。しかし、私は陰陽五行と帝王学の法則に照らし合わせて施策を出しているにすぎません。時代を

超えて、業界や企業規模といった分け隔てなく、再現性があること
を証明しているのです。帝王学の研究家である学者は国内にもたく
さんいらっしゃいます。しかし、日本経済における経営実務におい
て、実際の企業にこれを適用して、例外なく結果を出している人に
はお目にかかったことがありません。私の最大の強みはここにあり
ます。

# 1

# うまくいかない原因を
# 突き止めよう

 **ルール⑪** **うまくいかないチームは
3つのパターンに当てはまっている**

　たくさんの組織の方からご相談をいただくなかで気がついたことがあります。それは新しい会社も古い会社も区別なく、取り扱っているのが有形商材であるか無形商材であるかも関係なく、うまくいっていない組織には共通のパターンがあるということです。それは大きく分けると3つです。

　1つめは、五行相生というサイクルのなかで、本来であれば右回り、時計回りの「順行」が自然な流れであるべきものが、「逆行」してしまっているパターンです。
　季節が春夏秋冬を巡るように、太陽が昇って沈むように、自然のサイクルというのは確実に存在します。季節が夏のつぎに春に戻るということは科学的にあり得ません。その年によって冷夏だったり猛暑だったりの差こそあれ、季節の順番は自然の法則にのっとって正しく巡っています。逆行とは本来はエレメントが木→火→土→金→水という順番で流れるはずのものが、どこかで逆流してしまっているパターンです。たとえば、火→木→水→金→土という具合です。

私はこれまでさまざまな企業組織の内部事情を見る機会がありましたが、経営層に比較的多いのは「水」のエレメントです。場合によっては取締役が全員「水」のエレメントであり、社員の皆さんにも Talent Focus® オンラインテストを受検いただき、各人のエレメントを確認したら、これまた「水」のエレメントが大多数で、社内はさながら大洪水になっていたこともあります。

「水」のエレメントの幹部とセカンドポジションにいる「金」のエレメントは大変良く似ていて仲も良いです。結果、「水」が「金」に頼る場面が多発します。これはまさに逆行です。「金」がいろいろと分析してくれるので、「金」から「水」に向かって流れていけばいいのですが、不安を抱えている「水」から「金」に向かって流れはじめると、逆行となります。

　ある企業組織で実際に起きたケース。新規事業を立ち上げたところまではよかったのですが、立ち上げ直後に国際情勢が激変しました。そのために事業運営について再検討を重ねる必要が出てきました。「失敗したくない」のは左側のエレメントの特徴です。分析のための分析、修正に次ぐ修正、の無限ループに入ってしまいました。「水」のエレメントは自分が納得しないと前に進めないところがありますので、考えに考え、時間を浪費しました。

「水」のエレメントは考えることが大好きです。ずっと考えを巡らせています。考えながら浮かんだアイデアは本筋を外れて、動脈はおろか静脈を超え、末梢神経レベルのその先まで追いかけ始めます。そして「金」のエレメントがそれに加担して分析します。正解というものが存在しない時代、競合他社が6割ぐらいの仕上がりで身軽

に施策を打ち出してトライ＆エラーを繰り返していくなかにあって、その企業は納得のいくビジネスモデルを構築しようとして、いつまでもジャグリングをしていました。

　結局のところ、ビジネスの旬を逸してしまい、為替差損も大きく振りかかってきてしまったことで、何もできないままに事業撤退に追いやられました。このときの社員たちは経営幹部が方針を示さないことで、悲壮感のどん底にいました。変なところで自己流のこだわりを持つ経営幹部のせいでこの会社は傾き、社長は引責辞任しました。

　新しい社長が就任してから私がコンサルタントとして呼ばれました。新しい社長は金融機関から紹介された「木」のエレメントの方でした。とにかく決断の速さで一気に事業を立て直したのです。新社長は就任からわずか1週間後、単身でドバイに飛んで事業関係者と直接会い、その場で契約をまとめてきました。「水」のエレメントが抱いていたアイデアを可視化させるのに、バトンを渡すのは逆行位置の「金」のエレメントではありません。順行位置でひとつ先にいる「木」のエレメントなのです。そして、この会社は危機を脱出することができました。

　　石の上にも三年という。しかし三年を一年で習得する努力を
　　怠ってはならない。　　　　　　　　　　　　　——松下幸之助

　2つめは五行相剋です。これは誰かの努力を阻害したりしているときに発生します。

たとえば、Aさんの段取りしていることについてBさんがないが
しろにしたり無視したりするようなときに、小さな芽が出ます。そ
して日々の中でじわじわと根を張りつづけ、こじらせていくことが
多いです。これはビジネスの現場において意外とよく起きています。
人間関係の軋轢が一番早く発現してくるのもこの相剋の関係です。
　たとえば、部下が「火」のエレメントで、上司が「水」のエレメ
ントのケース。
「火」のエレメントは一生懸命火を燃やして自身のやる気を奮い立
たせて、人懐っこくコミュニケーションを展開していきます。業務
に直結しているわけではないけれども同僚の出勤時の様子の変化に
も敏感で、「髪切ったの？」と相手に関心を示し、寄り添う姿勢を
見せます。仲間としての一体感や盛り上がりを大事にしていて、一
緒にご飯を食べに行ったり飲みに行ったりして理解し合おうとして
います。論理性よりは感覚重視で雰囲気中心に判断するタイプでも
あります。
　目的重視の「水」のエレメントの上司からすると、「火」のエレ
メントの部下の行動はなんだか会社に遊びに来ているように見える
ことがありますし、上司からの質問にも的確に論理性を織り込んで
返答することができません。
「どうしてこうなったの？」、「目的は？」、「理由は？」という質問
のオンパレードに対して「火」のエレメントは的確に返答すること
ができません。とにかく理詰めで寄り切ってくる上司から、消火栓
みたいに大量の水を掛けられまくって、火は消されてしまいます。
こうなると、「火」のエレメントは居ても立ってもいられません。

感情が爆発し、目には涙の表面張力……が見てとれます。「火」の
エレメントは夜も眠れなくなります。まさに「やる気に水を差す」
「火消し役の上司」なのです。ここで、「火」の部下から「水」の上
司に対しては「気持ちをわかってくれない上司」という認定が下さ
れます。

　3つめは比和です。一見すると似た者同士で、波長も合う組み合
わせなのですが、軋轢が生まれると周りを巻き込んで組織を二分す
るほどの台風の目になります。「坊主憎けりゃ袈裟まで憎い」とい
うほどの反目のありさまです。力量の差があればまだよいのですが、
ほとんど同格の場合は最終的にどちらかがプチッとキレて突然離職
してしまうということも珍しくありません。異性の比和より、同性
同士の比和の方が衝撃は大きくなる傾向にあります。

　ここでひとつエピソードを紹介します。Talent Focus® 有資格者
Kさんの事例です。Kさんは「火」のエレメント。Kさんの勤務先
は精密機器メーカーで、社員の比率は「金」と「水」の割合が多い
そうです。Kさんのひとつ上の上司も「火」のエレメント。一見す
ると仲良くできそうな関係なのですが、ここでは日本企業にありが
ちなことを背景に、互いが傷つけあう「比和」が起きてしまいまし
た。

　会社全体が「水」的な行動を是とする組織の場合、ほかのエレメ
ントの人であっても社内においては「水」のように振る舞うことが
求められますし、そのようにできないと出世もおぼつかないという
現状です。Kさんの上司もそうでした。上司は本来「火」のエレメ

ントであるにもかかわらず、社内で管理職に就いているために長年「水」エレメントを演じ続けています。そして評価面談のときに、Kさんに「水」の言葉を浴びせ続け、Kさんはひどく傷ついてしまいました。

「火」というのは共感をとても大切にするエレメントです。共感することもされることも大事なのです。10のことを話し合うとして、うまくいっていることが9、改善しないといけないことが1だったとします。職場で「水」エレメントの役割を演じている上司はネガティブな1から話しはじめます。「どうしてできないのか」「なぜやらないのか」といった「水」のエレメントの代表格というべき言葉が、打ち寄せる波のようにバシャバシャとKさんに降りかかります。悪気があってやったわけではないKさんは、つらくてつらくて仕方がありません。「水」に火を消されて自信を失い、涙もこぼれてきます。Kさんは、思い切って別の日に上司と話し合う場を設けたそうです。

「自分は共感してほしいと強く望んでいる。だからできないこと1についての否定の言葉を先に延々と話すのではなく、まずできていること9の話で共感の言葉を投げてから、1の話をしてほしい」と。

じつは上司も「自分の言い分を飲み込もうとしないKさんに苛立ちを感じ、どうしてKさんはこちらの言っていることをわかってくれないのだろうと傷ついていた」そうです。

互いに「火」のエレメントであったKさんと上司。互いに傷つけあう「比和」の関係から脱却するための努力が実を結びました。できていない1の話を先にすることをやめて、いまはお互いが共感

の言葉を先に投げかけることでコミュニケーションは円滑になり、信頼関係も増したそうです。

　また、ときどきその状況が良く理解できずに「地雷を踏む上司」がいます。比和の関係であるがゆえに衝突しているのですが、その状況をみて「若いうちの切磋琢磨はよいことだ」とか「ライバルがいると頑張れるものだ」なんて呑気なことを言い出すタイプです。

　もしあなたのチーム内で、比和が原因で関係が悪化するモードに入ってしまったメンバーがいる場合は、速やかに引き離してください。執務スペース内での席替えによって物理的な距離を離す、あるいは担当プロジェクトのメンバーを組み替えて心理的に引き離すという対応が必要です。ただしこのときは平等に采配するようにくれぐれも注意を払ってください。

**ルール⑫** ボトルネックを
特定する

　これは、とある組織のメンバー配置図です。一見してわかるのは
どんなことでしょうか。このチームには「火」のエレメントが不在
です。そして「土」のエレメントが1人しかいません。「土」のエ
レメントの人のグラフを見ると、グラフがまるで蓮の葉を広げたよ
うな形をしていますね。これまでにかなりの努力をしていろんな球

**[図14]**

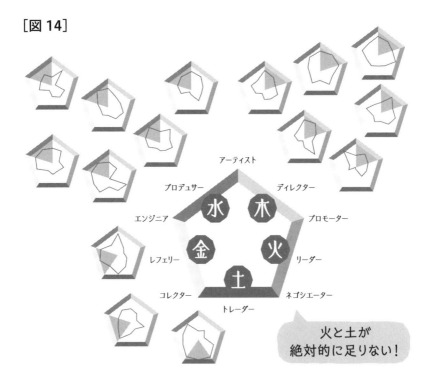

アーティスト
プロデューサー　　　　ディレクター
水　木
エンジニア　　　　　　　　プロモーター
金　火
レフェリー　　　　リーダー
土
コレクター　　　　ネゴシエーター
トレーダー

火と土が
絶対的に足りない！

96

を拾ってきたことがうかがえます。「水」のエレメントと「木」の
エレメントがどんどん次の戦略を立てていきますが、彼らのグラフ
は「土」の要素が伸びていません。つまり、実際の業務において、
決めることだけバンバン決めてしまって、あとのオペレーションに
ついては「土」のエレメントに丸投げし、細かい実務作業の工程を
「土」のエレメントの人に押し付けている可能性があります。

「土」のエレメントの人はそこに責任感を背負って立ち向かい、ひ
とりですべての球を拾っているような状況であることが読み取れま
す。この「土」のエレメントのメンバーは、一生懸命努力をして守
備範囲を広げてきました。しかし、積年の疲労は隠せないところに
まできています。完璧な人はいません。

　一刻も早くこの「土」のエレメントのメンバーを助ける動きをし
ないとこの組織は早晩崩壊します。特定のメンバーにのしかかって
いる負担や疲弊の色に、いち早く気がついて守ってあげることは、
リーダー・管理職の重要なミッションです。いまこの企業では採用
フェーズからの見直しが入り、「火」のエレメントと「土」のエレ
メントの補強、採用強化を検討しています。

　人はだれしも完璧な人はいない、ということについて『貞観政
要』ではこのような記述があります。

　　譬（たと）ば百丈（ひゃくじょう）の木（き）の如（ごと）し、豈（あ）に能（よ）く一枝一節（いっしいっせつ）無（な）からんや。

　　訳：たとえば、高さ百丈（約300メートル）の大木に、一本
　　の枝も一つの節も無いということは有り得ないというよう

97

なものです。

（『貞観政要』の附篇）

　もう一つ印象的だった企業があります。経営層をはじめ、次世代リーダーはほとんどが「水」のエレメントでした。そして、採用活動においても、自分たちと価値観の合う学生、親和性の高い人物を採用するあまり、社員のほとんどが「水」エレメントという事態に。幹部研修を実施した際には社長も参加してくださいました。私は社長の前に立ち、こう尋ねました。

「あと何年、この会社をもたせたいですか」

　社長は即座に答えました。「100年！」

　私は続けて尋ねました。「社長は、あと何年社長を務めますか」

　そして彼は手元にある幹部・リーダー層のグラフの配置図を改めて見直し、愕然としてこう言いました。

「あぁっ！　これは僕が社長であることに最適化してしまっている。100年を見据えた体制にしなくちゃいけない！」

　新規採用・中途採用を含め、「火」のエレメントや「土」のエレメントを入れて補正しなければ、この船は大きく左側に傾いて、もしかしたらこの先は沈没の危機に見舞われるかもしれないことに気がついた社長。採用責任者・副責任者クラスに「火」のエレメントを充当すべく、まずはその人物から採用していこうという方向性をその場で明確に示しました。その企業はその後バランス補正に取り組み、事業規模も拡大し、最近は本社も移転なさっています。

## ルール⑬ 今はうまくいっているからと
## 安心しない

「陰極まりぬれば陽に転ず、陽極まりぬれば陰に転ず」と申します。いい状態をそのまま放置しているだけではいつか陰りが出てきます。チームメンバー全員がもれなくフローに乗っているかを定点観測するなどしましょう。時間を追ってスパイラルで上へ上へと上昇していく組織になるように立ち回るのが、リーダー・管理職の役目です。チーム全体がさらに加速するように次世代層の育成にも力を入れてください。

　チームメンバーの中にすべてのエレメントが揃っていないけれどなんとかチームが回っているというケースもあります。たとえば「金」のエレメントが一人もいないという場合。長期的には他部署からの異動や、新規採用などによって「金」のエレメントを入れることをお勧めします。ただ短期的に今すぐなんとかしなくてはならない場合に、他のチームからミーティングのときだけ人員を借りてきたり、チーム内でそのエレメントの数値が高くでている人に依頼するという方法があります（ただし、時限的措置にとどめること。長期間やり続けることはNG）。このときに気を付けていただきたいのは、「金」のエレメントの領域が伸びていれば誰でもいいのかというとそうではないということなのです。
　本人は「土」のエレメントで、「金」が伸びている場合は、一時的にという条件であればお手伝いいただいても良いでしょう。それ

は本人のエレメントの順行にあたる位置だからです。では、本人が「水」のエレメントで、「金」が伸びている場合はどうでしょうか。この場合は、本来のエレメントである「水」から見て逆行になってしまいます。「金」に引き戻される形になりますので避けたほうが良いでしょう。「木」のエレメントだった場合は、「金」を演じる間にも自分で自分の枝を切ることになるようなものですから、すぐに身体症状に現れて不調を訴えることになります。「火」のエレメントだった場合は、「金」の役割をしながらも熱量で溶かしてしまいますから、求められる役割に対してうまく機能しないでしょう。

　　豈に但だ政教をして失する無からしめ、以て當年を持たんと欲するのみならんや

　　訳：政治教化に過失がないようにして、当代を保持しようとなされるだけでよろしいものでございましょうか。

（『貞観政要』の巻第六）

## 3-1 まとめ

**ルール ⑪** うまくいかないチームは
3つのパターンに当てはまっている

五行相生が逆行しているケース、五行相剋のケース、比和のケース

**ルール ⑫ ボトルネックを特定する**

　特定の人物にしわ寄せがいっていないか、早期発見が大事。特定のメンバーにのしかかっている負担や、疲弊の色にいち早く気がついて守ってあげることはリーダー・管理職の重要なミッションです。

**ルール ⑬ 今はうまくいっているからと安心しない**

　なんとかチーム内でフローを回せているからといって油断は禁物。一時的な負荷のはずがズルズルと常態化している組織も少なくありません。人員配置についての補正は思いのほか時間と手間がかかるものです。重要度が高いテーマですが、さらに緊急度をあげて取り組むように心がけてください。

# 2

# エレメントに基づく考え方で
# うまくいく解決方法を手に入れる

　問題が起きたとき、その対処方法を間違ってしまうことは、リーダー・管理職にとっては避けたい事態ですね。リーダー・管理職としては、まず何の問題が発生したのか事実を確かめるというアクションが一般的です。業務でなにかうまくいっていないことがあるとすれば、ついつい直接的に「そこ」だけにフォーカスをして直接的に解決をしようとしてしまいがちです。しかし、多くの場合、問題の本質は「そこ」ではなかったりします。相手のエレメントがどういう発想をするかに合わせた会話を心がけるとスムーズにいきます。

　また、五行では、各エレメントが担う業務について適性領域というものがあります。右回りの順行のサイクルでは各エレメントが司る分野があります。人間の才能もそうですが、組織にも特性というものがあるのです。一般的には業務の特性といわれるものですが、自分のエレメントと親和性の高い部署というのも存在します。営業職に関しては、商品特性によってかなり変わってきます。

　たとえば医薬品や医療用精密機器のように説明責任が重要な商品に関しては、「土」や「金」といったエレメントが才能を発揮しているケースが多いです。新製品であれば「木」や「火」のエレメントが強いですし、安定した品質やコストパフォーマンスや経費削減の提案であれば「金」のエレメントが特性を発揮するでしょう。価

値観でいえば「木」は WHAT、「火」は WHO、「土」は WHEN と WHERE、「金」は HOW、「水」は WHY です。

　必ずそうでなければいけないというものではありませんし、職業選択を規制するものではありませんが、ひとつの参考にしてください。

| | 業務の特性 | 親和性が高いとされる部署の一例 |
|---|---|---|
| 木 | 起案・アイデア、新しいことのスタート、特命事案 | 企画、新規事業、制作 |
| 火 | 人材育成、広報、チーム活動、アライアンス業務 | 教育トレーニング、広報 |
| 土 | 納期遵守、顧客対応、説明責任、記録、実務的な細かい作業、マニュアル | カスタマーサービス、総務、経理 |
| 金 | 論理的な分析、取捨選択、効率化、リスクマネジメント、定型化 | 経営企画、システム、法務、品質管理、購買 |
| 水 | 修正、改善、戦略再設定、R&D、M&A | 戦略策定、経営企画 |

# ルール⑭ うまくいっていない状況を打開する

　たとえば、採用分野で問題が起きている場合を例に挙げてお話しします。依頼主はベンチャー企業の創業社長で、自分の参謀になる人材が欲しいという要望があり、ヘッドハンティングによって人材を探したいとお声がかかりました（私はヘッドハンティングの事業もやっておりました）。

　会社訪問して社長からお話を伺うと、かれこれ1年も探しているのに見つからなくて困っているのだそうです。

[図15]

　WHOがうまくいかないということは、ひとつ手前のWHATがスタックしている可能性が大です。この場合は、WHATに遡って再検討する必要があるということです。つまり、その人材に「何」をしてもらいたいことによる募集なのでしょうか。募集の手段は適

切ですか。

　ある企業では、PC 操作スキル不問といっていながらエントリー方法は WEB 経由しかなかったり、オンライン会議室システムである ZOOM での面接が設定されていたりしました。また、具体的に任せたい仕事が明確でなかったり、矛盾していたり、そんな人は実在しないようなスーパーマンを求めていたりしないでしょうか。ここで WHAT をしっかり見直して、答えがきちんと出ればよいのです。しかし、そんな簡単に採用人物像が明確にあぶりだされるとは限りません。それができていないからこそ採用にこぎつけられない事態に陥っていることも多いのです。

[図 16]

　求める人材の要件について、ヒアリングしたところ、驚くべき要望が出ました。
- 大卒以上（できれば、東大か京大クラス）
- 30 代男性・独身

- 法律の知識がある（弁護士でなくてもいい）
- 会計・税法に詳しい（税理士や公認会計士の科目合格者ならなお可）
- 英語がネイティブレベル（留学経験があり語学が堪能で、海外出張に一人で行ける）
- 渋谷区か港区在住（通勤に時間がかからないところ）
- 経営知識がある（起業経験がある）
- 経営コンサルタント・戦略コンサルタントとして実績があり、すぐに高額案件を獲得できる折衝能力
- チームをまとめられるリーダーシップ
- 人材育成への熱意
- IT リテラシーが高いこと
- 日本酒やワインの知識が豊富であること（接待対策）
- グルメでいろんなお店を知っていること（接待対策）
- スーツをおしゃれに着こなせること（ダサい人はイヤだ、という社長の意向）
- ショートスリーパー（寝不足でも平気な人）
- 救命救急の知識がある
- 料理ができる（社長はホームパーティが好き）

　さて、こんな人物ってほんとうに実在するでしょうか——（笑）。
　ちなみに社長は 50 代の既婚男性です。まるで娘さんの理想の結婚相手を探しているかのようなリクエストですが（笑）、自分の参謀役として大真面目でこういう人を探しているというお話でした。

　私が考えるに、そういう人物が実在するとしたら、おそらく自分で事業を立ち上げていらっしゃるのではないでしょうか。いったい何のモチベーションがあって、よその社長の下に入るのでしょうか。いろいろ矛盾が生じてきますね。聞いている私の方が葛藤してしまいます（笑）。

　この本を読んでくださっている方で、自分はこの募集要件にぴったり！　という方や、そういう人物を知っています！　という方は是非ご連絡ください。

　今回のケースでは、WHATの内容がかなり大変なことになっていますね。WHATについてもスタックしてしまうようなら、さらにもうひとつ遡りましょう。

[図17]

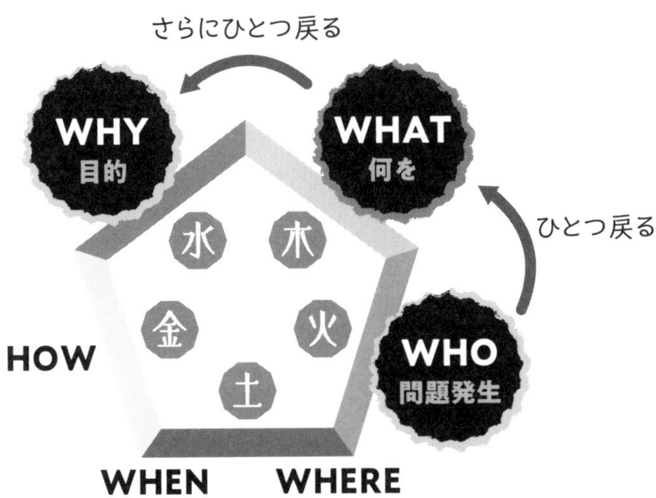

はい、そういうわけで、WHY のところに戻ってきました。この
ときに再考すべきことは、「何のため」の募集なのかということで
す。採用の「目的」が明確になっていない可能性があるのです。社
長の要望は、参謀が欲しいということでした。私も仕事ですのでリ
サーチをしてみましたが、結果は想像通り。ヒットした候補者は０
名でした。お望みの人物が実在しないことを知った社長はかなり落
胆していらっしゃいましたが、私が改めて採用の目的をヒアリング
しているときにいろいろなことがわかってきました。

- 健康不安があり、自分は経営から引退したいと考えている。
- 会社を畳むのは忍びない。
- 従業員のためにもなんとか事業を存続させたい。
- 他業種出身者だと引継ぎに時間がかかるだろうから傍らに置いて
  育てようと思った。

　結果として、この案件は、融資を受けている銀行の協力を得て事
業売却することとなりました。売却交渉に応じてくださったのが他
県の同業他社でした。本部が他県だったため、それまでの事業所建
屋は「支社」として継続することになりました。当該業界に明るい
社長のもとで従業員は雇用を保証され、依頼主だった社長はほんと
うの願いであった引退をすることができました。

## メンバー間で
## フォローし合える関係をつくる

　これまでお手伝いしてきた企業組織では、Talent Focus® オンラインテストの結果をチームで共有していただいているケースが多いです。自分がどの才能で、あの人はどの才能かを共有しています。それにより、自分が誰を助けてあげたらよいのか、また、自分が困ったときに誰に助けを求めたらよいのかが明確になります。お互いに気軽に声を掛けられる状況になり、新しい仕事が発生したときもそれを大好物とする人に優先的に割り振ってあげることができるというメリットがあります。関係する2人でにらめっこして結局どちらも手を出さない、2人の間に球が落ちるということは確実に回避できるのです。

　誰が何を大好物としているかがわかれば仕事の依頼もしやすいです。その担当が嫌だと思っている人に、「仕事なんだからさ」と言って押し付けたところで心証は悪くなるだけです。なぜその担当をあなたにお願いしたいのかを、根拠をクリアにできるメリットがTalent Focus® にはあります。相手の大好物を差し出すのはこちらとしても気持ちが楽ですし、受け取ったほうもうれしそうにしています。相手が自分の強みを承認してくれていることがわかるので期待に応えようとして、頑張ろうという気持ちが湧いてくるのだと思います。

　弊社は Talent Focus® の本丸ですので、チームビルディングに

おいても日々 Talent Focus® を活用しています。プロジェクト発足のときに、メンバーに誰を入れたらいいか、みんながあらかじめもう互いのことを認識しているのでやりやすいのです。

　新規事案は「木」のエレメントの担当です。ある程度の前裁きをして、「火」のエレメントに渡します。すると、あっという間にグループをつくってメッセンジャー等を駆使して情報共有と仲間の巻きこみが始まります。書類や備品などの準備が発生する段になると「土」のエレメントの事務局メンバーが経験を活かしてセットアップを完了します。前回はこういうときにこうした、という経験が生きてくる場面です。「金」のエレメントは必要な情報を固めてくれます。無駄な動きを減らしたり、効率を考えるときには「金」のエレメントの取捨選択が生きてきます。「金」が確認しておきたいと言うことは重要なことが多いのです。

「木」や「火」のエレメントはたいてい勢いで走り出すことが多いので、「金」のエレメントに指摘されてハッと我に返る、というところでしょうか。「水」のエレメントはそれらを反映して修正するときに意見をくれます。「木」のエレメントはそれを受けて加速します。そうやってプラスのサイクルを回していきます。プロジェクト終了の打ち上げでは、誰が一番頑張ったかではなく、互いの承認大会となります。あのときの「火」の勢いはすごかったねーとか、やっぱり「土」はさすがの対応だったねーとか、全員で本当にねぎらい合える関係性ができるのです。

## ◆◇◆ 3-2 まとめ ◆◇◆

### ルール ⑭　うまくいっていない状況を打開する

　問題の場所を特定します。うまくいっていない、困難にぶつかったということはフローが止まったということであり、もし、人の問題—WHO—で困難にぶつかったのなら、ひとつ戻って—WHAT—で考える。それでもスタックしてしまったら、さらにもうひとつ戻って考えます。

### ルール ⑮　メンバー間で<br>フォローし合える関係をつくる

　可能であれば、チーム内で各人の受検結果を共有しておくと、その後の連携が劇的に変化します。スタックしそうなメンバーがいる場合には、リーダー・管理職から声をかけて何に困っているのか聞いてあげましょう。「主体性を重んじる」とかいう耳障りの良い言葉を振りかざしてメンバーからのSOSが出るのを待っていたら、それは確実に時間のロスです！

　メンバーが困っていることがわかれば、そこからは簡単です。そのことについて誰が得意としている分野なのかをチームに気づかせてあげることができます。一度パターンがつかめればメンバーは学習し、あとは自立走行していきます。

# 使命とは

　古典には使命についてこのように書いてあります。使命とは「命」を「使う」ことだと。先人のありがたい話ではありますが、文言そのまんまじゃないかとも言えますね（笑）。その先にはこうあります。「命」とは「時間」のことであると。なるほど、少し見えてきました。つまり、「時間」を「使う」ことが「使命」なのですね。しかし、何にどう使ったらいいのかを示してくれないのは困りますね。じつはそのあとにこんな言葉が出てくるのです。それは「才能う」。つまり、天から与えられた才能という意味です。つなげて解釈するとこうなります。

「与えられた才能に、時間を使うことが使命を果たすってことなんですよ」

　だから自分自身の才能を知ることはめちゃくちゃ大事で意義があることなのです。

　さて、ではどうやって自分に与えられた才能を確かめたらよいのでしょうか。Talent Focus® オンラインテストは、インターネット接続環境で、約5分で各人が生まれ持った才能の在りかを判定します。才能によって伸びているエリアと経験値の蓄積によって伸ばしたエリアをレーダーチャートで明確に示します。そしてその結果をご覧にな

れば、これから先の限られた時間であなたは何に時間とエネルギーを集中したらよいかがわかるでしょう。

　いくら100年人生といっても、才能に気付けず、才能を活かすこともままならなかったら生まれてきた意味も見いだせないのではないでしょうか。

　一人ひとりに天の使命があり、その天命を楽しんで生きることが、処世上の第一要件である。

　　　　　　　　　　　　　　　　　　　　——渋沢栄一

# 3

# 複数のチームリーダーをまとめる
# 管理職のあなたに

　ここからは、複数の階層にまたがるチームを持っている方にぜひ
読んでいただきたいところです。

[図18]

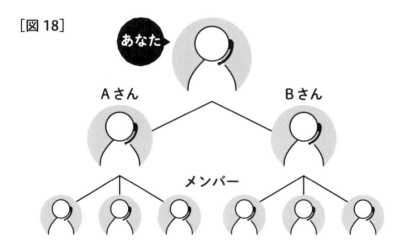

## 《1　利他の考え方について》

　置かれている状況は同じなのに、「利己」と「利他」ではまった
く異なる結果が待ち受けます。Aさん率いるチームはいつも難なく
目標をクリアしていく。しかも忙しいなかにも楽しそう。それに比
べてBさん率いるチームは、みんな必死なのにギリギリまで頑張

っても達成できず、笑顔などというそんな余裕はまったくない。いったいこの違いは何なのでしょうか。

　Bさんは自分だけがチームメンバーに恵まれていないのが原因だと思っている可能性はありませんか。もしかして、リーダー・管理職であるBさんは、このプロジェクトが完遂しさえすればいいと、短距離走感覚でメンバーを酷使していないでしょうか。

　万一そうだとすれば、メンバーからは、Bさんが自分たちを乗りこなそうしているように映っている可能性があり、Bさんによって酷使されているという意識を持っている可能性が極めて高いのです。こういったモードに陥ってしまったチームでは「ネガティブな報告」の量が圧倒的に多くなります。

　仏教逸話に三尺三寸箸のたとえがあります。メートル法に換算すると一尺は30.3センチ。一寸は3.03センチ。つまり三尺三寸といえばおおよそ1メートルに相当します。1メートルの長さの箸、いったいどんな食卓になるのか想像できますか。目の前にごちそうが並んでいます。地獄では、みんなお腹をすかせていて、自分の口に急いでその食べ物を運ぼうとします。しかし、箸が長すぎて、自分の口に入れることができません。飢えと怒り、争いで、阿鼻叫喚（あびきょうかん）状態なのだそうです。

　阿鼻叫喚とは非常に悲惨なさまを言います。阿鼻は阿鼻地獄の意味で無間地獄（むけん）の一種。無間とは終わりがなく延々とこの状態が続くことを言うのだそうです。

　一方で、天国ではどうかというと、お腹を空かせている人が食卓

の向こうにいたら、お互いに食べさせてあげる。だから飢える者も
なく、みんなにこにこして、健康なのだそうです。自分が食卓の向
こう側にいる誰かに食べさせてあげることもあれば、向こうの人が
口元に運んでくれたご馳走を食べさせてもらうこともあるのだそう
です。ご馳走と三尺三寸箸。全く同じシチュエーションでも、そこ
にいる人間の関わり方によってまったく異なる結果となるわけで
す。

　やはりここは発想を転換して、「利他」に切り替えていくことが
大事ではないでしょうか。あなたの置かれた立場をメンバーにうま
く活用してもらえるようにマネジメントしていくのがうまくいくか
どうかの分水嶺だと考えられます。これまで私がお付き合いのあっ
た数百社の企業組織を見て共通していたことは、やはり要所、要所
に利他の心で人や物事に向き合う管理職の存在があったことです。
うまくいっているチームは「相談」が多いのが特徴です。相談とい
っても「正解」を求めて尋ねるというのではなく、「自分はこうい
う観点からこうしようと思っているのですがいかがでしょう、つき
ましては、ボスにはこういう協力をお願いしたいのですが」という
打診に近いものです。そしてあとは自立です。自立した行動によっ
て最後に「よい報告」がもたらされます。

## 《2　ひとつ上の上司がどんなに能力がなくても、
## 　　2つ上の上司がまともだったら頑張れる》

　私も若かりしときに思い悩むことがあって、ひとつ上の上司に相
談したことがあります。結果は散々でした。面談後の私はもういつ

辞めようかとそればかり考えていました。それまで以上に心身ともに追い込まれた私の姿を見た先輩が、2つ上の上司に相談できるように手配してくれました。2つ上の上司のアドバイスはまったく逆でした。目からウロコだったと同時に、その日から気持ちを入れ替えて頑張れるようになりました。

　人間はひとつ上の上司がどんなに能力がなくても、2つ上の上司がまともだったら頑張れるというのは真理だと思っています。私は人材サービス業でのキャリアが長いのでたくさんの転職希望者の方にお会いしてきました。最終的にその組織を離れるかどうかの決断に、このポイントが大きく影響することが判明しました。直属の上司が理解してくれない。しかし、2つ上の上司がまともだったら人はその組織にとどまって復活を遂げる。最後の砦となる2つ上の上司も無能だったら……迷わず転職に意識が向かうのです。

　エグゼクティブを対象としたヘッドハンティングの場合、必ずしもその方がいますぐ転職の意向があるとは限りません。潜在的に転職を考えている可能性はありますが、あくまで顕在化していません。インタビューにこぎつけたときに、私はこの交渉の成否を早い段階で判断する必要がありました。そのときに必ずお尋ねしていたことのひとつは、直属の（ひとつ上の）上司はどんな人か、2つ上の上司はどんな人かということなのです。これをエピソード交じりに自然にヒアリングできれば、この人物がこの組織にとどまる可能性を判別できます。

　新型コロナウィルスの蔓延によって会社・組織での働き方が大きく変わりました。画面を通してのコミュニケーションは対面リアル

のコミュニケーションとはやはり一線を画すものです。対面リアルで仕事をしていたこれまでの状態を100パーセントとするなら、リモートワークの状態では明らかに10〜30パーセント、大きければ50パーセント近くの温度差が生まれています。出社頻度が激減することによって、組織やチームへの帰属意識も大きく変わってきます。リモート時代の社員の離職を最終的にとどめられるかどうかは、「2つ上の上司」であるあなたのマネジメント力にかかってくると言っても過言ではありません。あなたがAさん率いるメンバー、Bさん率いるメンバーに対してどこまで理解を示せるか。彼ら一人ひとりの才能の在りかを理解したうえで采配できるか、それがチーム存続の命運を握っています。

## 《3　エレメントが分散しているチームにこそ
　　　伸びしろがある》

　Aさん率いるAチーム。Bさん率いるBチームがあります。メンバーの成長を促進し、成果を挙げる環境をつくるのがAさんとBさんの立場です。「利他」の心を忘れずにマネジメントが実現できたときに、あなたの人材育成力は高く評価されます。ではどうすれば両方のチームがフローに乗れるでしょうか。ヒントはチームの顔ぶれ、エレメントの偏り方にあります。

　チームメンバーの顔を眺めたときに、似たエレメントばかりが集結していたらどうでしょうか。キャンプシーズンなどでお世話になるタープやテントを想像してください。柱を立てるときにペグを打ちますね。ペグが同じ場所に集中していたらどうなるでしょうか。

まったく広がりませんね。雨をしのげるどころか、風が吹いただけでタープは倒れてしまいます。人材の配置も同じです。多様性の名のもとにいろんな人材を抱えていれば、ペグの打ち場所もさまざまで、距離も離れていきます。その結果、タープはピーンと張って大きな屋根となり、雨風を遮ることができるのです。

　Aチーム、Bチームがそれぞれ偏った布陣の場合、残念ながらどちらも伸びない組織となります。可能な限りエレメントが分散している方が良いのです。「専門性に特化したチーム」なんていう言葉に騙されてはいけません。極端なチームを足して2で割るぐらいの心意気でチームを再編成するほうが、長期的に見てそれぞれのチームに伸びしろを与えることができる可能性があるのです。

　バスケットボール選手として大きな功績を残したマイケル・ジョーダンがこんなことを言っています。

　　僕はどんな選手とチームを組みたいのか？　僕はチームのために犠牲を払うのは嫌だ、という5人のスーパースターとチームを組むよりも、個々の能力はそれほどでもないが、ひとつのチームとして結束できる5人の選手とプレーをしたいと思っている

## ルール⑯ やりやすさを阻害する要因を外してあげる

　どんな事案にもフェーズというものがあります。プロジェクトのスタート時にはやはりアイデア、垂直立ち上げができるだけの瞬発力、ビジョン共有力（「木」）、関係者に周知して協力を仰いだり巻きこんだり、具体的に推進していく力が求められます（「火」）。具体的なタスクが見えてきて徐々に軌道に乗ってくると、コンスタントに継続して情報を蓄積するフェーズがあります（「土」）。一定以上の情報が蓄積したあとは効果測定や分析の段階がやってきますし（「金」）、そこからみえてきたことについて修正を加えて2周めにもっていくことになります（「水」）。

　チームとしていまはどこのフェーズに重心があるのかを、リーダー・管理職自身がしっかりと把握し、そのときの中心となっているメンバーが動きやすくなるような後方支援が大切です。こういった働きかけは、確実に事業の加速要因となります。状況を理解する力のある上司からのバックアップやお墨付きがもらえているという環境は、メンバーにとって最も安心して業務に集中することができるものです。


　コンサルティングのご依頼でご縁のあった、とあるクライアント企業の採用プロジェクトでのことです。首都圏の大型会場での合同説明会に参加する事案で、対象者は第二新卒・若手層の転職希望者層。3日間のブース出展をとおして、見込み層を30名確保したい

というのが今回の参画の設定ゴールでした。初めての参画ながらも順調に進んでいました。しかし、予想外のことは起こるもので、多めに用意していた配布用の会社資料が足りなくなりました。また、直接面談ができる小さな面談ブースが用意されているのですが、そこで急病人が出て面談中止となりました。重なるときには重なるもので、交代制で配備されるはずの人員が資材を運ぶために社用車で移動中、事故渋滞に巻き込まれて予定時刻に会場に到着することができません。当時のマネージャー A さんは、その車の中に居ました。会場には「土」のエレメント 1 名と「金」のエレメント 1 名のメンバーが上司からの指示を待っています。

　急遽、社内にいたメンバーの誰かが電車利用で現地入りすることになりました。同じ部内の別チームから「木」のエレメントのメンバー 2 名に現地に向かってもらうことにしました。当初は自社ブースを訪れてくださった転職希望者層にパンフレットのコピーや名刺を配る予定でした。現地にいた「土」のメンバーはコピー機を探し、ひとまず何十部かをカラーコピーすることで臨時対応しました。「木」のエレメントは危機を突破すること、スピード感のある意思決定が得意です。「木」のメンバーは現地入りしてすぐに他社の集客状況を把握し、行動を起こしました。ブースの周辺状況を携帯で動画撮影して本社の管理職に送り、「ある特別許可」をとることに成功しました。

　それは、採用のための LINE アカウントの作成でした。配布資料がない、ミニ面接もできない状況のなかで、せっかく自社に興味を持ってくれた参加者をみすみす逃すわけにはいかないという気持ち

から、速やかに LINE 交換し、見込み客の囲い込みに成功しました。「木」のメンバーの発想を起点にスピーディに問題が解決した事例です。

　チームの「重心」がそのタイミングにあるメンバーのために、五行相生の関係にあたるメンバーを周辺に配備したり、強化したいエレメントがあれば他のチームから該当するエレメントのメンバーを一時的に借りてきて増強などするのも有益な一手です。これは動きやすいチームの醸成に確実につながります。

　仏教用語に「外護」という言葉があります。もともとは仏道修行者や寺院などに対して領主や在家信者などが特別に保護をして守ることを指します。ポイントは「外から」護る、「外で」護る、ということです。

　実務はチームメンバーに任せながらも、リーダー・管理職は視座を高く持ち、阻害要因となるものを遠ざけ、必要な後方支援をしてゆくことが最強チームに欠かせない条件です。特別許可を取るために対応したのは「２つ上の上司」だったＳさんです。Ｓさんは人望が厚く、いまはその企業の専務取締役に就任しています。

## ルール⑰ うまくいくコツは 互いに花を持たせること

　一般的に、仕事の多くはたったひとりの業務ではないはずです。必ず相手がいるものです。また、最終サービサーに届く前にはいくつかの関連部署もあったりします。うまくいったときも、五行相生で複数のエレメントが関与しているものです。どれかひとつだけが突出して事を為すようなことはあり得ません。スポットライトの下でひとりガッツポーズをするのではなく、「あなたがいてくれたから、おかげさまでこんな成果に繋がりましたよ。ありがとう」の気持ちが大切です。

　私はこれまで800社を超える、多くの企業組織の内部をつぶさに見てまいりましたが、うまくいっているチームは例外なく、リーダーが魅力的です。目立つタイプかどうかは別として、一緒に働いているメンバーが「この人と一緒に仕事ができてうれしい」という空気を放っていました。自分が主役で、部下の手柄を奪いに行くようなリーダー・管理職ほどみっともないものはありません。そういった人は残念ながら成功者にはなれないようです。人望の厚い人や徳のある人には、手柄が向こうから歩いてやってくるものです。やはり「利他」の気持ちが大事です。

　とくに左側のエレメントの方は個人主義的傾向が強く、自分で完結するような仕事の仕方を好むために協働のスタイルに負荷を感じるようです。しかし、協働のやり方をパターンとして掴んでしまえばこんなに楽なこともないのです。各エレメントのトリセツを手に

入れたと思って、相手が喜ぶような働きかけを意識的になさってみてください。それはメンバーからの信頼という形になって、必ず良い結果をもたらしてくれます。

『貞観政要』の一説をご紹介します。

太宗、珪に謂ふて曰く、卿は識鑒清通、尤も談論を善くす。玄齢等より、咸く宜しく品藻すべし。又、自ら諸子の賢に孰與なるかを量る可し、と。對へて曰く、毎に諫諍を以て心と為し、君の堯舜に及ばざるを恥づるは、臣、魏徴に如かず、孜孜として國に奉じ、知りて為さざる無きは、臣、玄齢に如かず。才、文武を兼ね、出でては將たり入つては相たるは、臣、李靖に如かず。敷奏詳明に、出納惟れ允なるは、臣、彦博に如かず。繁を處し劇を理め、衆務必ず擧がるは、臣、戴冑に如かず。濁を激し清を揚げ、惡を嫉み善を好むが如きに至りては、臣、數子に於て、頗る亦、一日の長あり、と。太宗深く其の言を嘉す。群公も亦各々以て己が懷ふ所を盡くすと為し、之を確論と謂ふ。

訳：側近たちが集まった宴席があった。その席上で、太宗皇帝が参加者のひとりである王珪に向かってこう言った。「あなたは人物の善悪を見分ける力が極めて優れており、最も弁論に長じている。ここにいる房玄齢らの人物を残らず品評し、また自分はそこにいる側近たちの賢とどちらが勝っているかを量ってみなさい」と。王珪がお答えして申し上げた。「絶えず太宗皇帝を諫めることに心を置き、我が主

124

君である太宗皇帝が堯舜<sup>※</sup>（伝説の王）に及ばないことを自分の恥と思っている点では、私は魏徴に及びません。怠らずに国のために尽くし、善いと知ったら実行しないことはないという点では、私は房玄齢に及びません。文武の才能を兼備し、外に出征しては大将となり、朝廷に入っては宰相となるという点では、私は李靖に及びません。政事について申し上げることが詳しく明らかであり、君上の命を下に出し、臣下の言を君に納れることが誠実である点では、私は温彦博に及びません。非常に忙しい事務を処理し、多くの仕事がすべてうまくゆくという点では、私は戴冑に及びません。しかし、世の中の害悪を除き善を挙げ、悪を憎み善を好むという点については、私はたくさんの側近のなかでも一日の長があります」と。太宗皇帝は深く王珪の言葉を褒めた。そこにいた側近たちもまた、各自が自分の心が思っているところを言い尽くしたものであるとして、これを間違いない論だと言った。

（『貞観政要』巻第二）

※堯舜…徳をもって天下を治めた理想的な帝王、「堯」とその後継者となった「舜」を指す。

　いかがでしょうか。リーダー・管理職であるあなたは、メンバーの才能のある分野と具体的な強みを即座に明確に答えることができますか。

　人間は誰しも、自分に批判をぶつけてくる人よりも認めて褒めて

くれる人が好きです。正しいフローに乗せてくれる人が大好きです。成長を願って自分を支援してくれる人が大好きです。何より、自分の才能を知ったうえでそれを確実に活かそうとしてくれる人には、絶対についていきたいと思うものなのです。ぜひ、チームメンバー一人ひとりの才能を見極め、彼らがそれを伸ばすことに時間とエネルギーを集中できるように、管理職として貢献してください。

## 3-3 まとめ

　複数のチームをまとめるには、チーム内に多様な人材を置くこと。違う才能のペグを広い範囲に打ったほうが、タープはピンと広がるのです。1つ上のポジションの上司が無能でも、2つ上のポジションの上司がまともなら人は頑張れるもの。

### ルール⑯　やりやすさの阻害要因を外してあげる

　チームのフェーズと重心を意識し、リーダー・管理職は「外から」「外で」護ることを心がけるのは最強チームに欠かせない条件。チームの重心がそのときどこにあるかを見極め、場合によってはメンバーをレンタルしてくることも有効。

### ルール⑰　うまくいくコツは互いに花を持たせること

　五行相生のサイクルを意識して、おかげさまの気持ちをもつリーダー・管理職にメンバーはついてくる。自分の才能を知ったうえでそれを確実に活かそうとしてくれる人には、絶対ついていきたいと思うものです。「利他」の気持ちで、メンバーをフローに乗せる動きを。


　　他人に花をもたせよう。自分に花の香りが残る。

　　　　　　　　　　　　　　　　　　　　　　　──斎藤茂太

# おわりに

　新型コロナウィルスが地球規模で蔓延した結果、感染防止策に伴う施策の一環としてリモートワークの比重が大きくなりました。また生活のなかのありとあらゆる場面でオンライン化が急激に加速しています。私たちはうまく切り替えられるのでしょうか。

　すでに対面のリアルの人間関係において信頼関係がある者同士がオンラインでのコミュニケーションをとることと、ほとんど面識がない、あるいはまったく会ったこともない初期の段階からオンラインという手段によってのみ信頼関係を構築していくコミュニケーションでは、信頼関係の精度に大きな開きが出ているという調査も報道されています。

　多くの組織の成長支援をしてきた経験を持つ私の視点からすると、チームリーダーだけではなく管理職の意識がまるっと進化しないと、システム改変以前にこの国はほんとうの意味で変わってゆけないと考えます。一人ひとりが持って生まれた才能は周囲の理解があってこそ活かされるもの。目の前のチームメンバーの才能の花をひとつでも多く咲かせるように、またそのつぼみが少しでも長い時間咲いていられるように、互いが意識的に行動することが必要不可欠です。利他の気持ちでメンバーの支援をするチームリーダー・管理職が増えてゆくことを願ってやみません。

　この本を上梓するにあたり、たくさんのサポートを得ました。企画段階から、スケジュール調整に至るまで万来舎社長である藤本敏雄さんの支援なしには成し得ませんでした。心から御礼を申し上げます。また、2020年度Kronika一軍メンバー（井若絵美さん、坂本佳子さん、佐藤侑香さん、鈴木雅江さん、春名正基さん、丸田菜央さん）には客観的なコメントもいただき、参考になりました。ありがとうございました。

# Talent Focus® について

Talent Focus® は、日本で開発された、五行と帝王学に基づく才能特定・才能育成プログラムです。人が生まれ持った才能の種類を大きく5つに分類し、取扱説明書をご用意しています。自分らしさを理解（自己理解）し、他者との違いを理解し（他者理解）、そのうえで自分自身の強みにエネルギーと時間を集中して全体へ貢献する仕組みを提案しています。自己理解・他者理解にとどまらずその先の関係性までをも理解し、意識的に関係性を再構築することは大変重要で即効性があり、人間関係において想像している以上に大きな変化を生み出します。

組織でいえば、いまの事業内容のまま、いるメンバーで、最短の時間で、最小のストレス負荷で、最大の効果を、半永久的に継続することができるようになります。この変化は、インストール後の約1週間くらいではじまります。望む結果を手に入れるまでに時間がかからないということも Talent Focus® の大きな特徴です。自分の強みを活かした仕事のやり方が明確に分かり、自分が何をすべきで何をすべきではないかも分かるため、迷いやストレスから解放されます。強みを伸ばすためには、自分が生まれ持っている才能がなにかを知ること、それが大きな意味を持ちます。

## 》セミナー価格など

① 体験セミナー

所要時間　1時間　2,500円（消費税別）

※オンラインテスト未受検の方に限ります。

② オンラインテスト受検用トークン

受検時間は約5分（受検時間には個人差があります）

5,000円（消費税別）

※1回の受検にトークンが1つ必要です。

③ 詳細解説セミナー

所要時間：2時間　10,000円（消費税別）

Zoom や Skype などのオンラインでも受講可能です。

※オンラインテスト受検済みであることが条件です。

## 》Talent Focus® 資格制度のご紹介

① プラクティショナー養成講座

所要時間：8時間　80,000円（消費税別）

※プラクティショナー養成講座には社団への入会と年会費として

10,000円（消費税別）／年　がかかります。

　プラクティショナーになると、体験セミナー（1時間）や詳細解説セミナー（2時間）を有料で開催することができるようになります。詳細解説セミナーでは、受検結果の見方を説明します。また五行に関する基本的な知識、エレメントの特徴等を説明できるだけの情報量を持ち、参加者にお伝えします。また、オンラインテストの卸販売もできるようになり、これにより販売差益を得ることも可能です。詳細解説セミナー用を開催するときの資材は本部で用意しています。

## 》その他

① コンサルタント養成講座（所要時間　8時間×4日間）

② シニアコンサルタント養成講座（所要時間　8時間×4日間）

③ エグゼクティブコンサルタント養成講座（所要時間　8時間×4日間）

　があります。受講条件や講座の内容、受講費用などは、社団サイト
　内の記載をご確認ください。

　https://www.bloomyourtalent.world/talent-focus


## 》運営団体

Talent Focus® の権利は株式会社 Kronika が有しています。各種資格
制度の運営、講師養成、有資格者のクオリティ維持、ワークショップ開
催などは、株式会社 Kronika が一般社団法人才能開発支援機構に運営
を委託しています。


## ● Talent Focus® に関するお問い合わせ

一般社団法人才能開発支援機構 事務局

〒170-0013　東京都豊島区東池袋 5-7-3

　　　　　　　　REID-C Higashi Ikebukuro Bldg.,2F-6

E-mail：info@bloomyourtalent.world

URL：www.bloomyourtalent.world

Talent Focus® オンラインテスト受検サイト：www.talentfocus.world

# 星山 裕子（ほしやま ゆうこ）

　株式会社 Kronika 代表取締役。一般社団法人才能開発支援機構代表理事。特定非営利活動法人 Talent Universe 代表理事。Talent Focus® 開発者。Think Source® 開発者。キャリビル® 開発者。

　米国 CCE,Inc. 認定 GCDF-Japan キャリアカウンセラー（国際資格）。社団法人日本産業カウンセラー協会認定産業カウンセラー。米国 NLP（TM）協会認定 NLP（TM）プラクティショナー（国際資格）。社団法人全国民営職業紹介協会職業紹介責任者。株式会社コーチングバンク登録コーチ。

　ニックネームはチャンスの女神。これまで関わった企業・組織のどれも業績が上向いていくことにちなみ、顧客からそう呼ばれています。長年にわたる事業開発、経営コンサルティング、次世代経営幹部育成、ヘッドハンティングの経験を通じてほとんどすべての業界とのご縁を持っており、行列のできるエグゼクティブ・コーチとしても活動しています。約 30 年におよぶビジネス経験と土地勘、6 万人を超える面談数、800 社を超える取引社数が、安定感の理由のひとつです。

　人それぞれが生まれ持った才能を特定し、それらを育成するシステム "Talent Focus®" の開発者として、2016 年 5 月に Talent Focus® オンラインテストをリリース。日本国内はもとより、香港、ロンドンにもローンチ済み。合言葉は「強みを伸ばせ、苦手を克服するな」。地球上の全世界に Talent Focus® の理念と実践方法を普及するべく、認定トレーナーの育成に注力する傍ら、多言語展開を準備中。自己理解、他者理解を超えたその先にあるありのままの自分らしさの追求と、特定の個人が勝利する「部分最適」ではなく "TEAM" として最大のパフォーマン

スを発揮する「全体最適」を志向するアプローチを、実務において展開しています。

これまでに数々のメソッドを体系化してきています。キーワードは再現性であり、成長企業を牽引する人材の育成と、組織の持続可能な成長を支えるプログラム、Think Source®。キャリビル®は、自分の人生で背負ったリュックの中身を知る内省系ワークです。過去から未来へ旅をしながら自分の目的やアプローチを明確にしてゆきます。

資格取得者を輩出することが目的ではなく、人を育てる立場の人材を、四半世紀以上にわたって育て続けています。つぎへ渡す力 〜 Pay it forward 〜 を持った人材を育てる独自の人材育成方法に定評があります。門をたたく彼らの属性は10代〜60代。民間企業のリーダー・管理職、個人事業主や起業家、公務員、エンジニア、アーティスト、治療家、開業医、学生、教員、研修講師など多岐にわたります。年齢や経験、バックグラウンドの違いをこえて、才能を活かしながら受講生一人ひとりを研ぎ澄ませていきます。プロジェクトリードなどのご用命では、名実ともに多様なメンバーを束ねて TEAM として圧倒的な成果を挙げることに、比類のない実績があります。

主著に『5つのエレメントでぐんぐん伸びる 子どもの才能の見つけ方・育て方』（万来舎）。

**顧客例》** メーカー、ITハードウェア、ソフトウェア、人材ビジネス、精密機器、食品、飲料、ロジスティックス、アパレル、専門小売、住宅、不動産、製薬、レストラン、不動産、学校法人など。国内の伝統老舗から新進ベンチャー、一部上場企業まで、さまざまなサイズ・局面にわたる組織を担当しています。経営陣の特命による次世代幹部研修、管理職研修、リーダー研修の導入実績を豊富に持ち合わせています。

# リモートワーク時代の
# チームマネジメント

あなたのチームを最速で最強にする17の法則

2020年9月2日　初版第1刷発行

著　者：星山裕子
発行者：藤本敏雄
発行所：有限会社万来舎
　　　　〒102-0072　東京都千代田区飯田橋 2-1-4
　　　　　　　　　　九段セントラルビル 803
　　　　電話　03 (5212) 4455

印刷所：株式会社光邦

ISBN978-4-908493-44-7

# チームマネジメントのための
# ワークブック

別冊付録

取り外してお使いください

# Talent Focus®

# 星山裕子

保存版

# ワークブックの使い方

　本書で学んだ各エレメントの特徴（P.31〜P.39）や関係性（P.72〜P.82）を踏まえて、ご自身のチームにあてはめて日々のマネジメントで実践・活用していただくためのワークブックです。

　具体的なメンバーを想定してフォーメーションの練習ができるようになっています。メンバーバランスを可視化できるので、管理職として気をつけておくべき関係性なども明確になります。記入欄にご自身で書き込んで、日々のマネジメントにお役立てください。Talent Focus® のメソッドは、職場に限らず、プライベート、家庭、地域コミュニティなど、人が関わる場所でならどこでも活用いただけます。

　ワークブックの P.10〜P.15 に収録されている「実践例」のページはコピーしてお使いいただけます。チームごと、あるいはプロジェクトごとのストックができて便利です。

　Talent Focus® の活用を通じて、チームリーダー・管理職のみなさまのマネジメントの負荷が軽減する一方で、チームが最速で最強になることを願っております。

## 才能と経験の違い

才能から出た芽と経験から出た芽は違う

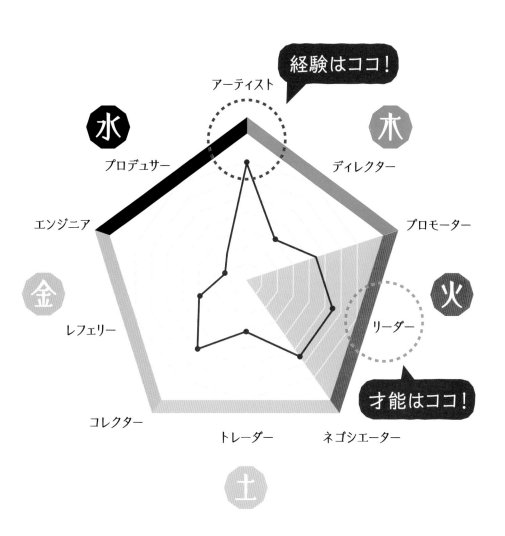

# Talent Focus® の特徴

## (1) 他のアセスメントテストとの違い

### ❶ 結果が変動しない

　世の中のアセスメントテストには「先天的なものを測るテスト」と「後天的なものを測るテスト」という大きく2種類の分類があります。Talent Focus® は先天的なものを測るものです。生まれ持った才能を想定している部分は再受検しても結果は変動しません。心理テストにおける妥当性と信頼性を満たして開発されたテストです。

### ❷ 活用方法を示せる

　アセスメントテストの結果を受け取ったあとで、具体的にどうしたらよいかがわからないケースは多くあります。Talent Focus® では、示された才能を知ったあとに、それらを伸ばすために、どのような取り組みが有効であるかを五行に基づき、示しています。

## (2) どのような効果が得られるか

### ❶ 強みを伸ばすことに時間とエネルギーを集中

　自分が生まれ持った才能が何か、ということにあらためて気づく効果があります。弱みの克服ではなく、強みを研ぎ澄ますことにシフトしていけるようになります。意図的に時間やエネルギーを配分することができるようになります。自分とは異なるロールモデルを追いかける苦しみから解放され、楽になったという声も多く聞かれます。

## （3）組織・個人での活用方法

〈ビジネス分野で期待される効果〉

　帝王学や陰陽学は、もともと一国の政治をつかさどるために活用されていたものですから、組織での活用として一利あります。


　**個人への利用よりも先に、組織・集団における需要が高かった。**
　**為政者たちは五行の考え方をいかして政事を行っていた。**
　**活用範囲は広く、家臣の顔ぶれや戦術の策定などあらゆる場面のマネジメント技術として浸透してきた。**

　お互いの強みを差し出しあって共存共栄するチームビルディング

　　　●いまそこにいる人員のまま
　　　●いまの事業内容のまま
　　　●最短の時間で　　　　　　　　　　➡　半永久的
　　　●最小のストレス負荷で
　　　●最大の効果をもたらす


〈パーソナル分野で期待される効果〉

　　　●キャリアコンサルティング・カウンセリング・コーチング
　　　●勉強方法の見直し　など

| | 木 | 火 |
|---|---|---|
| エレメントの主な特徴 | スピード・新しいアイデア・同時多発・個性・勢い・即断即決・集中力・先導役・視座が高い・危機からの脱出・特別感 | 広報、伝播、情熱、チームの一体感、和やかな雰囲気、対面コミュニケーション、ささやかな変化に気づく観察力、人情派 |
| 得意な領域 | 企画・アイデア・新規事業・ビジョン策定 | 広報・チームリード・コラボレーション推進・モチベーション施策 |
| 価値観 | 使命感 | 共感 |
| 口癖 | いま なんか | とりあえず ですよね すごい |
| 思考の癖 | WHAT | WHO |

| 土 | 金 | 水 |
|---|---|---|
| 安心安全・受容・ルーティン・顧客満足・事務的作業・記録・マニュアル・平和的解決・面倒見のよさ・人の役に立ちたい | リスクマネジメント・効率・定番・冷静沈着・コストパフォーマンス・分け隔てる・言われたことはやる・秩序を守る・個人主義 | 目的・戦略設定・仕組みで解決・こだわり・考え続ける・順番を待てない・自分軸・自己中心・第一人者好き・没頭・MYルール |
| 納期厳守・マニュアル作成・きめ細かな顧客対応・データや資料の管理・情報収集 | 情報収集・分析・リスクマネジメント・分掌・ミスの発見・校閲 | 修正・改善提案・成功事例による横展開 |
| 責任感 | 正義感 | 達成感 |
| わかりました<br>（単なる返事） | 念のため<br>確認させてください<br>許せない<br>逆に | なんで<br>どうして<br>そもそも |
| WHEN・WHERE | HOW | WHY |

# エレメントの関係性を理解する

## 1）五行相生の関係
（ご ぎょうそうじょう）

ひとつのエレメントが他のエレメントに力を与える関係。本来持っている力を増やされる関係。
「相」手を「生」かす、「相」手から「生」かされる。

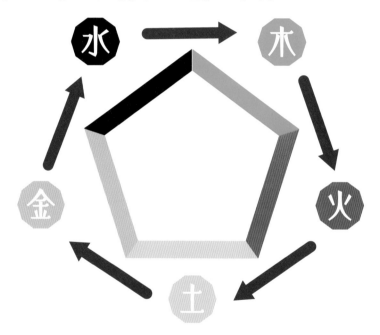

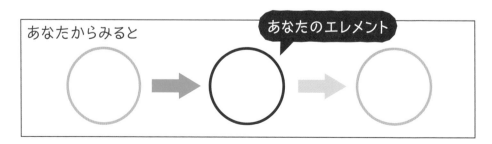

あなたからみると

あなたのエレメント

# エレメントの関係性を理解する

## 2）五行相剋の関係

ひとつのエレメントが他のエレメントから攻撃を受けることによって、本来持っている力を減らされる関係。
「相」手を「剋」する、「相」手から「剋」される。

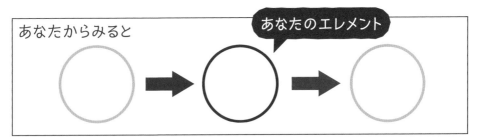

あなたからみると

あなたのエレメント

自分のエレメントを、中心となる円に書いて、それぞれのエレメントとの関係性を理解してみましょう。矢印の色がヒントです。

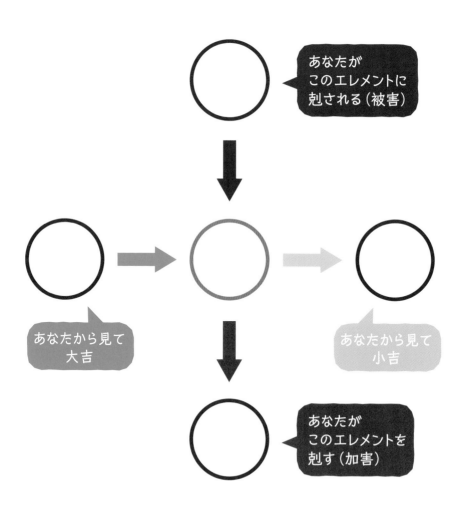

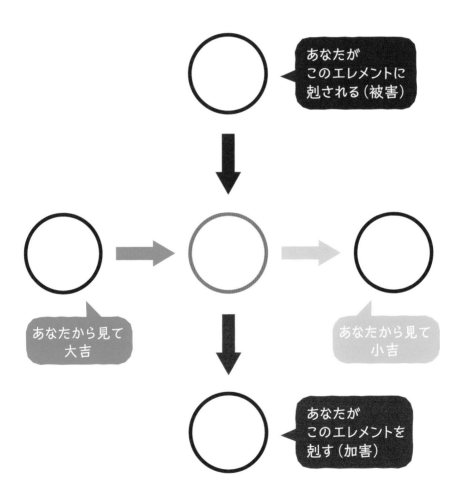

自分のエレメントを、中心となる円に書いて、身近な人間関係がどうなっているかを調べてみましょう。丸のなかにはエレメントを、四角い枠のなかには人物の名前を、記入してみましょう。

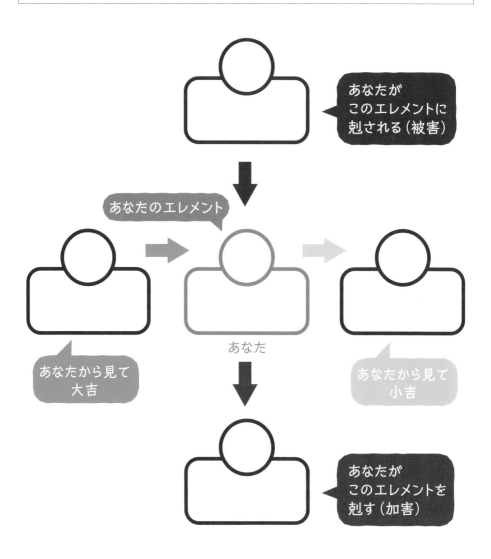

あなたが
このエレメントに
剋される（被害）

あなたのエレメント

あなた

あなたから見て
大吉

あなたから見て
小吉

あなたが
このエレメントを
剋す（加害）

12

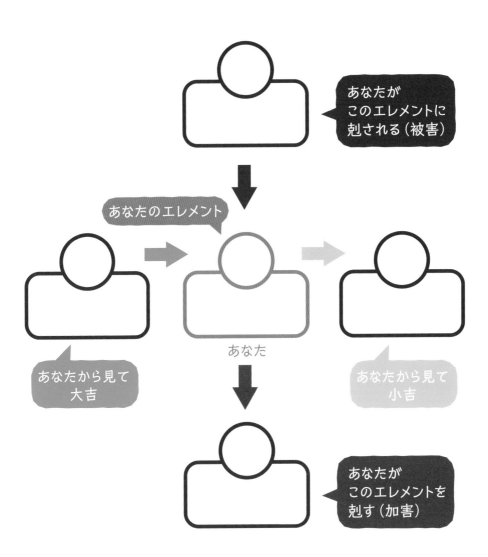

実践3 | 職場やチームで関わる場合はどのような状況になりますか。あなたの周りの人間関係をあてはめてみましょう。エレメントの横の四角の中に、登場人物の名前を書き入れてみましょう。

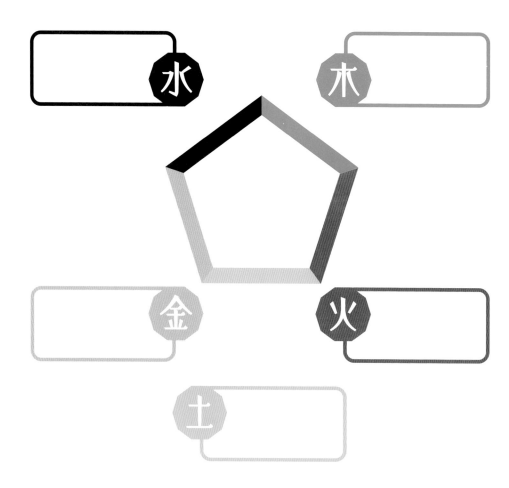

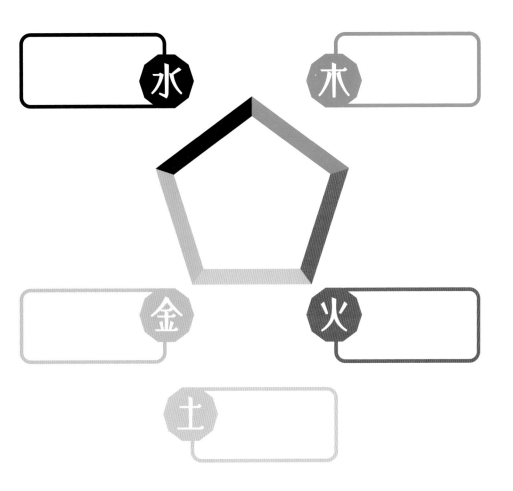

# Memo